Themen 2

Lehrwerk für
Deutsch als Fremdsprache
Kursbuch

von Hartmut Aufderstraße, Heiko Bock,
Helmut Müller, Jutta Müller

Projektbegleitung: Hans-Eberhard Piepho

D0520894

Max Hueber Verlag

Pictogramme

 Dieser Text ist
auf Kassette.

 Hörtext

①, 1.1 Hinweis auf die Grammatik
in Themen 1

 Lesetext

 Hinweis auf die
Grammatik im Anhang
S. 130–151
1.3

②, 1.1 Hinweis auf die Grammatik
in Themen 2

Beratende Mitwirkung: Heidelies Müller·Buseck-Trohe;
Dagmar Paleit·Rottenburg
Verlagsredaktion: Werner Bönzli·Reichertshausen
Gestaltungskonzeption: Hans Peter Willberg·Eppstein
Layout und Herstellung: Erwin Faltermeier·München
Illustrationen: Joachim Schuster·Baldham
Umschlagillustration: Dieter Bonhorst·München
Fotos, wenn nicht anders angegeben (vgl. Bildnachweis S.168):
Werner Bönzli·Reichertshausen

8. 7. 6. | Die letzten Ziffern
1993 92 91 90 89 | bezeichnen Zahl und Jahr des Druckes.
Alle Drucke dieser Auflage können, da unverändert,
nebeneinander benutzt werden.
1. Auflage 1984
© 1984 Max Hueber Verlag, D-8045 Ismaning
Satz: Ludwig Auer GmbH, Donauwörth
Druck: Appl, Wemding
Buchbinderische Verarbeitung: Ludwig Auer GmbH, Donauwörth
Printed in the Federal Republic of Germany
ISBN 3–19–001372–1

Inhalt

Vorwort

Wir danken allen Kolleginnen und Kollegen, die uns zu **Themen 1** ihre Meinung gesagt haben. Natürlich freuen wir uns, daß diese Meinungen zum allergrößten Teil positiv ausgefallen sind. Um so mehr haben wir uns bei der Arbeit an **Themen 2** bemüht, die kritischen Stimmen zu bedenken und zu berücksichtigen (was aber nicht bedeutet, daß wir jeder Kritik ganz unkritisch zugestimmt hätten!). Wir hoffen, daß dieser zweite Band eine ebenso günstige Aufnahme finden wird wie der erste.

Autoren und Verlag

KLEIDER machen LEUTE

B1

1

Klaus ____
Brigitte ____
Eva ____

Peter
Hans
Uta

1. Wie sehen die Personen aus? Wie finden Sie die Personen?

1.1.

Uta ist blond und klein.
Sie sieht lustig aus, und
ich finde sie sympathisch.

alt   groß   schlank   klein   blond   dünn

schwarzhaarig   dick   jung   langhaarig

Hans ist groß und sehr schlank.
Ich finde, er sieht intelligent aus.

schön   hübsch   lustig   nervös   häßlich

langweilig   nett   sympathisch   traurig

ruhig   attraktiv   komisch   intelligent

gemütlich   dumm   unsympathisch

Brigitte ist...

Peter ist...

Klaus ist...

Eva ist...

2. Wer ist wer? Was glauben Sie?

1	2	3	4	5	6
62 Jahre	55 Jahre	30 Jahre	42 Jahre	24 Jahre	38 Jahre
85 kg	88 kg	69 kg	67 kg	54 kg	55 kg
165 cm	168 cm	182 cm	160 cm	176 cm	164 cm
Beruf:	Beruf:	Beruf:	Beruf:	Beruf:	Beruf:
Clown	Koch	Pfarrer	Sekretärin	Fotomodell	Psychologin

Hans ist Nr. . . .   Klaus ist Nr. . . .   Uta ist Nr. . . .
Eva ist Nr. . . .   Peter ist Nr. . . .   Brigitte ist Nr. . . .

Ich bin jung,
schön und schlank
typisch
Hexe.

3. Diskutieren Sie jetzt im Kurs.

> Ich glaube, ... ist der Clown.

> Warum?

> Na ja, er ist klein und dick.

> Also, ich meine, ... ist der Clown. Er sieht so lustig aus.

> Das geht doch nicht! Der Clown ist doch 55, und ... sieht viel jünger aus!

Lösung S. 153

4. Die Personen auf dem Photo sind drei Ehepaare.

Was glauben Sie, wer ist mit wem verheiratet?

> Ich glaube, Peter und ... sind verheiratet. Denn Peter ist ..., und sie ist ...

> Nein, das paßt doch nicht. Sie ist zu ..., und er ist viel zu ...

> Ich finde ...

Hans und . . ., Peter und . . ., Klaus und . . . sind verheiratet.

Lösung S. 153

1. Haben Sie ein gutes Gedächtnis?

Sehen Sie die drei Bilder eine Minute genau an. Lesen Sie dann auf der nächsten Seite weiter.

A   B   C

B1

Hier sehen Sie Teile der Gesichter. Was gehört zu Bild A, was zu Bild B und was zu Bild C?

1.5.

○ Das runde Gesicht, die blauen
Augen, die große Nase und der
kleine Mund sind von Bild ...
□ Ich glaube, das runde Gesicht
ist von Bild ...
△ Ich glaube ...

```
Nominativ
der   kleine    Mund
die   kleine    Nase
das   kleine    Gesicht
die   kleinen   Augen
```

```
Akkusativ
den   kleinen   Mund
die   kleine    Nase
das   kleine    Gesicht
die   blauen    Augen
```

rund   blau   groß   groß

oval   braun   klein   klein

schmal   schwarz   lang   schmal

2. Familienbilder

Den langen Hals und die große Nase hat er vom Vater;
den großen Mund und die roten Haare von der Mutter.

1.5.

Und was haben die Kinder hier von Vater und Mutter?

| rot | blau | grün | gelb | schwarz | weiß | braun | grau |

Eine schöne Frau ist meistens dumm.

Große Männer sind bescheiden.

Ein kleiner Mann findet schwer eine Frau.

Dicke Kinder sind gesünder.

Dicke Leute sind gemütlich.

Ein sparsames Mädchen wird eine gute Ehefrau.

Ein schöner Mann ist selten treu.

Ein roter Mund will küssen.

Kleine Kinder, kleine Sorgen – große Kinder, große Sorgen.

Eine intelligente Frau hat Millionen Feinde – die Männer.

Ein voller Bauch studiert nicht gern.

Stille Wasser sind tief.

Reiche Männer sind meistens häßlich.

1. Stimmt das?

Was sagt man in Ihrem Land?

Das	stimmt.
	ist richtig.
	ist wahr.
Ich glaube, das stimmt.	

Das stimmt nicht.
Das ist Unsinn.
Viele dicke Leute sind nicht gemütlich.
Ich finde, kleine Kinder machen große Sorgen.
Bei uns sagt man, . . .
Ich glaube, . . .

2. Was meinen Sie?

Eine gute Freundin ist . . .
Junge Kollegen sind . . .
Ein netter Chef . . .

Nominativ		
ein	reicher	Mann
eine	reiche	Frau
ein	reiches	Mädchen
–	reiche	Leute

1.5.

Ein	gut	Freund	ist	meistens	langweilig.
Eine	nett	Freundin	sind	selten	lustig.
–	blond	Chef		oft	nett.
	schlank	Chefin		immer	gefährlich.
	hübsch	Mensch		. . .	freundlich.
	jung	Kollege			intelligent.
	verheiratet	Kollegin			interessant.
	neu	Mutter			komisch.
	. . .	. . .			. . .

Eine hübsche Hexe ist . . .

TIPS & IDEEN   Haben Sie Ihren Stil gefunden?

Karin Belzer (32) ist Bankangestellte. Wie ihre Kolleginnen
trägt sie meistens dezente
Kleidung. Bis jetzt hatte sie
keinen Mut für frische und
sportliche Mode.
So ist Karin zu uns gekommen: Lange schwarze
Haare, runde Brille,
dezentes Make-up.
Die weiße Bluse und
der dunkle Rock
machen die junge
Frau älter. Auch die
Frisur hat uns nicht
gefallen.

So sieht Karin viel jünger und
sportlicher aus. Sie trägt keine
Brille mehr, sondern weiche
Kontaktlinsen. Karin ist sehr
schlank (Größe 36), das ist für
sportliche Kleidung ideal. Sie hat
einen kurzen blauen Rock und
einen roten Pullover gekauft. Dazu
trägt sie rote Kniestrümpfe.
Gefällt Ihnen Karin jetzt besser?
Wünschen Sie eine Typberatung,
dann schicken Sie uns ein Photo
und schreiben Sie an unsere
Redaktion.

Akkusativ		
einen	weißen	Rock
eine	weiße	Bluse
ein	weißes	Kleid
-	weiße	Schuhe

1.5.

die Haare   der Rock   die Kleidung
die Kontaktlinsen   die Bluse
die Schuhe   die Kniestrümpfe   das Make-up
der Pullover
die Jacke   die Brille   die Frisur

**1. Wie hat Karin vorher ausgesehen?
Wie sieht sie jetzt aus?**

○ Vorher hatte Karin lange Haare, jetzt hat
sie kurze Haare.

☐ Vorher hatte Karin einen langen Rock,
jetzt hat sie . . . .

sportlich   weiß   jung   lang
rot   rund   dezent   blau
hellblau   gelb   dunkelblau
blond   weich   kurz

2. Wie gefällt Ihnen Karin besser?

3. Leute gehen ins Theater.

O Er trägt einen schwarzen Anzug, eine
blaue Krawatte, ein weißes Hemd und
schwarze Schuhe. Wer ist das?
☐ Das ist der Mann Nr. 1.
O Sie trägt ein blaues Kleid, weiße Schuhe
und eine weiße Jacke. Wer ist das?
☐ Das ist . . .
O Er trägt . . .

1.2.

4. Was für ein . . .?

O Was für einen Anzug trägt der Mann Nr. 1?
☐ Einen schwarzen.
O Was für Schuhe trägt die Frau Nr. 3?
☐ Weiße Sportschuhe.
O Was für . . .?

Was für . . .

Was für einen Anzug?
(Sing.)   Einen schwarzen.

Was für   –   Schuhe?
(Plur.)   –   Schwarze.

5. Mir gefällt . . .

O Welche Kleidungsstücke
gefallen Ihnen hier
am besten?
☐ Der blaue Rock, die . . .
und das . . .

6. Was ziehen Sie an?

Sie gehen a) ins Theater.
          b) ins Kino.
          c) spazieren.
          d) tanzen.
O Welchen Anzug ziehen Sie an?
☐ Den blauen Anzug und die . . .
O Welches Kleid . . .?
Welche Schuhe . . .?
Welch . . .?

Telegramm   Deutsche Bundespost   Verzögerungsvermerke

Datum	Uhrzeit		TSt	München	Leitvermerk		Datum	Uhrzeit
06	54	11	11					Gesendet
Platz	Empfangen	Nomenszeichen	Empfangen von				Platz	Nomenszeichen

aus regensburg 29/26 8 1038

```
rolf rattner
druckhaus zimmer gmbh                              1418
uhlandstr 12
kiel/14
```

Dienstliche Vermerke/Rückfragen

```
konnte sie leider telefonisch nicht erreichen. komme
morgen 16,22 in kiel hbf an. koennen sie mich abholen?
gruesse
    berger, papierfabrik albruck
```

○ Berger.

□ Guten Tag Herr Berger. Hier Rattner. Ich habe gerade Ihr Telegramm bekommen. Natürlich hole ich Sie morgen ab.

○ Das ist nett. Dann lerne ich Sie ja endlich persönlich kennen.

□ Ja, ich freue mich auch. Aber da gibt es ein kleines Problem. Wie kann ich Sie denn erkennen?

○ Ich bin nicht sehr groß, trage einen blauen Mantel und habe schwarze Haare. Und Sie?

□ Ich trage einen grauen Anzug und eine dunkle Brille.

○ Also, dann ist ja alles klar. Wir treffen uns am besten am Haupteingang.

□ Ja gut. Bis morgen dann.

| Hier | Berger. |
| – | ... |

Guten Tag Herr ... / Frau ...
Ich habe gerade Ihre Karte/
Ihren Brief bekommen.
Natürlich hole ich Sie übermorgen/... ab.

Das finde ich sehr freundlich.
Vielen Dank.

Dann sehe ich Sie ja endlich mal.

Ja, das finde ich auch schön/sehr gut.

Aber da habe ich noch eine Frage.
Wie sehen Sie denn aus?
Wie kann ich Sie denn finden?

Ich bin ..., trage einen/eine/ein ...
und habe ...

Ich trage einen/eine/ein ...
und habe einen/eine/ein ...

Also, dann gibt es ja keine Probleme mehr.

Wir treffen uns am besten am Ausgang/
auf dem Bahnsteig/...

| In Ordnung. | Dann bis morgen. |
| Einverstanden. | ... |

Helga hat einen neuen Freund.

A. Hören Sie den Dialog.

B. Was ist richtig?
a) Der neue Freund von Helga
☐ war Evas Ehemann.
☐ war Evas Freund.
☐ ist Evas Freund.

C. Was sagen Eva und Anne?
Unterstreichen Sie die richtigen
Adjektive.
a) Anne sagt: Der neue Freund
   von Helga ist . . .   sehr dumm / attraktiv / nett / unsportlich / ruhig / freundlich.
b) Eva sagt: Er ist . . .   intelligent / groß / dick / nervös / klein / elegant / sportlich.

Das Psycho-Spiel

Sind Sie tolerant?

1. Dieser Mann ist Ihr neuer Arbeitskollege.
   Was machen Sie?   Punkte
a) Ich lade ihn zum Essen ein.   ☐ 2
b) Ich suche einen neuen Job.   ☐ 0
c) Nichts. Mir ist jeder Mensch sympathisch. ☐ 1

2. Sie sehen dieses Kind in einem Restaurant.
   Was denken Sie?
a) Manche Eltern können ihre Kinder
   nicht richtig erziehen.   ☐ 0
b) Essen muß jeder Mensch erst lernen.   ☐ 2
c) Alle Kinder essen so.   ☐ 1

3. Sie sehen diese Frau in der U-Bahn.
   Was sagen Sie zu Ihrem Freund?
a) Ich finde alle Frauen schön.   ☐ 1
b) Manche Leute sind eben verrückt!   ☐ 0
c) Junge Leute können das tragen.   ☐ 2

Artikelwörter		
Singular		
der		Plural
dieser	Mann	die
mancher		diese
jeder		manche
		alle / Männer

Das Psycho-Spiel: Lösung

0 bis 1 Punkte Sicher sind Sie ein ehrlicher, genauer und pünktlicher Mensch, aber Sie haben starke Vorurteile. Sie kritisieren andere Menschen sehr oft.	**5 bis 6 Punkte** Sie sind ein angenehmer Mensch, aber Sie sind nicht wirklich tolerant. Viele Probleme sind Ihnen egal.	**2 bis 4 Punkte** Sie sind sehr tolerant. Sicher haben Sie viele Freunde, denn Sie sind ein offener und angenehmer Typ.

Babysitter gesucht

Suchen lieben und freundlichen
Babysitter
für unsere Kinder. 2 bis 3mal
pro Woche. Gute Bezahlung.
Tel. 0211/59 32 70

Diese Familie sucht einen Babysitter. Was glauben Sie, wer bekommt den Job? Der alte Mann, das junge Mädchen oder die Frau? Warum?

Ich glaube, der alte Mann bekommt den Job.
Er sieht so sympathisch aus.

Sicher, aber ein Mann kann das doch nicht.

Viele Kinder mögen alte Leute. Die ist sympathisch. Die kann das sicher am besten. Die sieht nett aus. Der ist bestimmt sehr freundlich. Kinder mögen junge Mädchen.	Das finde ich auch. Das glaube ich auch. Das stimmt. Das ist richtig. Das finde ich nicht. Meinst du wirklich? Das macht doch nichts. Das ist doch egal. Das stimmt, aber . . . Sicher, aber . . .	Da gibt es bestimmt Probleme. Die ist doch zu jung. Der ist doch zu alt. Die hat bestimmt keine Chance. Die ist zu nervös. Der ist unsympathisch.

1.4.

● Hör mal, das ist interessant. Da ist ein junger Mann arbeitslos und bekommt kein Geld vom Arbeitsamt.

□ Wie ist das denn möglich? Jeder Arbeitslose bekommt doch Geld.

● Ja, aber der hier ist ein Irokese.

□ Ein was?

● Ein Irokese. Ein Punk mit einer Irokesenfrisur.

□ Deshalb bekommt er kein Arbeitslosengeld? Das glaube ich nicht.

● Doch! Lies doch mal.

Kein Geld für Irokesen

Ein junger Arbeitsloser in Stuttgart bekommt vom Arbeitsamt kein Geld. Warum? Den Beamten dort gefällt sein Aussehen nicht.

Jeden Morgen geht Heinz Kuhlmann, 23, mit einem Ei ins Badezimmer. Er will das Ei nicht essen, er braucht es für seine Haare. Heinz trägt seine Haare ganz kurz, nur in der Mitte sind sie lang – und rot. Für eine Irokesenfrisur müssen die langen mittleren Haare stehen. Dafür braucht Heinz das Ei.

»In Stuttgart habe nur ich diese Frisur«, sagt Heinz. Das gefällt ihm. Das Arbeitsamt in Stuttgart hat eine andere Meinung. Heinz bekommt kein Arbeitslosengeld und keine Stellenangebote. Ein Angestellter im Arbeitsamt hat zu ihm gesagt: »Machen Sie sich eine normale Frisur. Dann können Sie wiederkommen.« Ein anderer Angestellter meint: »Herr Kuhlmann sabotiert die Stellensuche.« Aber Heinz Kuhlmann möchte arbeiten. Sein früherer Arbeitgeber, die Firma Kodak, war sehr zufrieden mit ihm. Nur die Arbeitskollegen haben Heinz das Leben schwer gemacht. Sie haben ihn immer geärgert. Deshalb hat er gekündigt.

Bis jetzt hat er keine neue Stelle gefunden. Die meisten Jobs sind nichts für ihn, das weiß er auch: »Verkäufer in einer Buchhandlung, das geht nicht. Dafür bin ich nicht der richtige Typ.«

Heinz will arbeiten, aber Punk will er auch bleiben. Gegen das Arbeitsamt führt er jetzt einen Prozeß. Sein Rechtsanwalt meint: »Auch ein arbeitsloser Punk muß Geld vom Arbeitsamt bekommen.« Heinz Kuhlmann lebt jetzt von ein paar Mark. Die gibt ihm sein Vater.   (Michael Ludwig)

Das Arbeitsamt

Ein Arbeitnehmer hat keine Stelle (z.B. sein alter Arbeitgeber hat ihm gekündigt). Er ist also arbeitslos. Dann bekommt er Geld vom Arbeitsamt: das Arbeitslosengeld. Das Arbeitsamt sucht auch eine neue Stelle für ihn. Natürlich muß ein Arbeitsloser wirklich eine neue Stelle wollen, sonst bekommt er kein Arbeitslosengeld.

1. Welche Sätze im Text geben dem Leser diese Informationen?

Information	*Satz im Text*
a) Heinz hatte Probleme mit seinen früheren Arbeitskollegen.	„Nur die Arbeitskollegen haben Heinz das Leben schwer gemacht."
b) Heinz sucht eine neue Stelle.	„Bis jetzt hat er keine neue Stelle gefunden."
c) Das Arbeitsamt will ihm kein Geld geben.	. . . . . .
d) Heinz hat jetzt nur wenig Geld. Das bekommt er von seinem Vater.	. . . . . .
e) Die Beamten im Arbeitsamt glauben, Heinz will gar nicht arbeiten.	. . . . . .
f) Heinz trägt eine Irokesenfrisur.	. . . . . .
g) Heinz weiß: Ein Irokese kann nicht in jedem Beruf arbeiten.	. . . . . .
h) Heinz sucht Arbeit, aber er will sein Aussehen nicht verändern.	. . . . . .
i) Keiner in der Stadt hat eine Frisur wie Heinz.	. . . . . .
j) Heinz hat einen Rechtsanwalt genommen.	. . . . . .

2. In welcher Reihenfolge stehen diese Informationen im Text?

Ordnen Sie die Sätze neu.

3. Welche Kleidung und Frisur trägt man in Ihrem Land?

Im Büro, in der Universität, in der Kirche, in der Moschee, am Sonntag, im Konzert, in . . .?
Welche Kleidung kann man nicht tragen?

Eigentlich kann man alles tragen, aber . . .

Im Büro einen Anzug.   Keine Jeans in der Uni.

Eine Lehrerin kann keinen kurzen Rock tragen.

Eine Punkhexe, das hat es noch nie gegeben!

1. Finden Sie die Entscheidung des Arbeitsamtes richtig?

Das Arbeitsamt hat recht. Wer will denn einen Punk haben? Kein Arbeitgeber will das! Die Frisur ist doch verrückt!

Da bin ich anderer Meinung. Nicht das Aussehen von Harald ist wichtig, sondern seine Leistung. Sein alter Arbeitgeber war mit ihm sehr zufrieden. Das Arbeitsamt darf sein Aussehen nicht kritisieren.

Das stimmt, aber er hat selbst gekündigt. Es war sein Fehler.

Sicher, er hat selbst gekündigt, aber warum ist das ein Fehler? Er möchte ja wieder arbeiten. Er findet nur keine Stelle. Das Arbeitsamt muß also zahlen.

Das finde ich nicht. Der will doch nicht arbeiten. Das sagt er nur. Sonst bekommt er doch vom Arbeitsamt kein Geld. Da bin ich ganz sicher.

Wie können Sie das denn wissen?

Kennen Sie ihn denn? Sicher, er sieht ja vielleicht verrückt aus, aber Sie können doch nicht sagen, er will nicht arbeiten! Ich glaube, er lügt nicht. Er möchte wirklich arbeiten.

Arbeiten oder nicht, das ist mir egal. Meinetwegen kann er so verrückt aussehen. Das ist mir gleich. Das ist seine Sache. Dann darf er aber kein Geld vom Arbeitsamt verlangen. Ich finde, das geht dann nicht.

2. Diskutieren Sie.

Das	stimmt. ist richtig. ist wahr. ...	Genau! Einverstanden! Richtig! ...	Das stimmt, Sicher, Sie haben recht,	aber ... ...

Da bin ich anderer Meinung.
Das finde ich nicht.
Das stimmt nicht.
    ist falsch.
    ist nicht wahr.
...
	Da bin ich nicht sicher.
	Das glaube ich nicht.
	Wie können Sie das wissen?
	Wissen Sie das genau?
	Sind Sie sicher?
	...
		Da bin ich ganz sicher.
		Das können Sie mir glauben.
		Das weiß ich genau.
		...

C

Die Gefährlichkeit der Rasensprenger (1)

> »Ängstige deinen Nächsten wie dich selbst!«
> *Günther Anders*

»Frühstück!« ruft Frau Gottschalk, »Frühstück...!« Es ist Sonntag, der 14. Mai, halb zehn. Ein herrlicher Frühlingstag – die Luft leicht wie Champagner, und der Himmel so blau wie der Flieder neben der Gartenterrasse.

»Frü-ü-ühstück!« ruft Frau Gottschalk, »nun kommt bitte endlich, oder ich fange allein an!« Kein Mensch hört, wie immer. Oma, schon seit sieben Uhr auf den Beinen, sitzt vor dem Radio und hört den Gottesdienst aus der Michaeliskirche. Andy und Caroline liegen natürlich noch im Bett, und Walter, ihr Mann... Ja was macht der denn da draußen im Garten! Steht stumm auf dem Rasen, wie ein Monument. Lilo Gottschalk geht zur Terrassentür: »Nun komm bitte, Walter, das Frühstück ist fertig.«
Herr Gottschalk antwortet nicht.

»Walter, hörst du nicht...!«
Nein, Walter hört überhaupt nichts. Er macht nicht einmal eine Bewegung, schaut nur stumm über den Gartenzaun, in den Garten des Nachbarn. Lilo wird unruhig.

»Was ist denn, Bärchen, was hast du denn!« Die Gottschalks sind siebzehn Jahre verheiratet, und manchmal sagt Lilo zu ihrem Mann »Bärchen«. Aber »Bärchen« bleibt stumm. Lilo bekommt Angst. Was ist los? Schnell geht sie hinaus zu ihrem Mann.

»Das Frühstück, Bärchen«, sagt sie, »das Frühstück ist...« Der Satz bleibt Lilo im Hals stecken. »Mein Gott«, murmelt sie, »das kann doch nicht wahr sein.« »Doch, Lilo«, sagt Walter, »es ist wahr.«

Andy und Caroline sind jetzt auch heruntergekommen. »Was ist?« gähnt Andy, »ich denke, es gibt Frühstück?« »Oma, was ist mit dem Frühstück?« fragt Caroline. Oma schaut das Mädchen an.

»Ist das nicht schön«, sagt sie, »die Krönungsmesse, von Mozart.«

»Heh, Caroline!« ruft Andy, »schau dir das an!« Die beiden gehen zu ihren Eltern in den Garten.

»Das ist ja'n Ding«, sagt Andy nach einem Blick über den Zaun, »echt super!«

Und jetzt möchte auch Oma ihr Frühstück – der Gottesdienst im Radio ist zu Ende.

»Walter, Kinder – was macht ihr denn da! Der Kaffee wird kalt!« Vorsichtig geht sie über die Terrasse in den Garten – ihre Augen sind nicht mehr die besten.

»O Gott«, sagt sie, »was ist denn das?«

»Das, Oma«, sagt Caroline, »ist ein Rasensprenger.«

»Ja«, sagt Walter leise, »die Köhlers haben einen Rasensprenger.«

Fortsetzung folgt

»O Gott«, sagt sie, »was ist denn das?«

Mein erster Schulgang 1960

Was Hänschen nicht lernt, lernt Hans nimmermehr

$E=mc^2$

Das will ich werden

Zoodirektor

Das ist ein schöner Beruf. Ich habe viele Tiere. Die Löwen sind gefährlich. Aber ich habe keine Angst. *Peter, 9 Jahre*

Politiker

Ich bin oft im Fernsehen. Ich habe ein großes Haus in Bonn. Der Bundeskanzler ist mein Freund. *Klaus, 10 Jahre*

Sportlerin

Ich bin die Schnellste in der Klasse. Später gewinne ich eine Goldmedaille. *Gabi, 9 Jahre*

Fotomodell

Das ist ein interessanter Beruf. Ich habe viele schöne Kleider. Ich verdiene viel Geld. *Sabine, 8 Jahre*

Nachtwächter

Dann arbeite ich immer nachts. Ich muß nicht ins Bett gehen. Ich habe einen großen Hund. *Paul, 8 Jahre*

Dolmetscherin

Ich verstehe alle Sprachen. Dieser Beruf ist ganz wichtig. Ich kann oft ins Ausland fahren. *Julia, 10 Jahre*

1. Wer hat was geschrieben?

Sabine: Ich will Fotomodell werden, weil ich dann viel Geld verdiene.

2.2a)

..... : , weil ich dann alle Sprachen verstehe.

..... : , weil ich dann oft im Fernsehen bin.

..... : , weil der Beruf ganz wichtig ist.

..... : , weil ich dann nicht ins Bett gehen muß.

..... : , weil ich dann viele Tiere habe.

..... : , weil ich dann schöne Kleider habe.

Ich will Chefhexe werden, weil ich dann die Größte bin!
Hexe 273 Jahre

Nebensatz mit 'weil'

..., weil das Das ist ein schöner Beruf.
ein schöner Beruf ist.

..., weil ich Ich habe dann schöne Kleider.
dann schöne Kleider habe.

2. Fragen Sie Ihren Nachbarn.

○ Warum will Paul Nachtwächter werden?

□ Weil er dann immer nachts arbeitet und weil ...

○ Und warum will Gabi ...

□ ...

Heute (Präsens)
Ich will Ingenieur werden.
Früher (Präteritum)
Ich wollte Ingenieur werden.

3. Was wollten Sie als Kind werden? Warum?

2.1.

Wunschberufe der Jugend

Von je 1000 Schulabgängern nannten als Berufswunsch:

61 Elektriker	Büroangestellte 127
60 Kfz-Mechaniker	Verkäuferin 65
47 Büroangestellter	Sprechstundenhilfe 61
Tischler 39	38 Krankenschw.
Ingenieur 35	33 Friseuse
Maschinenschlosser 21	27 Kindergärtnerin
Kaufmann 20	21 Bankangestellte
Funk- u. Fernsehtechn. 19	20 Masseuse, Krankengymn.
Maurer 19	18 Lehrerin
Maler 17	15 Sozialpädagogin
Koch 15	14 Hauswirtschafterin
Installateur 15	14 Technische Zeichnerin

2

Sind Sie mit Ihrem Beruf zufrieden?

Nein, nicht so sehr. Eigentlich wollte ich Dolmetscherin werden. Ich habe auch zwei Jahre ein Sprachinstitut besucht und war in den USA, aber dann war ich lange Zeit krank. Danach habe ich dann das Dolmetscherdiplom nicht mehr gemacht, weil ich schnell Geld verdienen wollte. Jetzt bin ich schon acht Jahre in meiner Firma, aber ich konnte noch nie selbständig arbeiten. Mein Chef möchte am liebsten alles selbst machen.

Petra Maurer, 29 Jahre, Sekretärin

Meine Eltern haben eine Autowerkstatt, deshalb mußte ich Automechaniker werden. Das war schon immer klar, obwohl ich eigentlich nie Lust dazu hatte. Mein Bruder hat es besser. Der durfte seinen Beruf selbst bestimmen, der ist jetzt Bürokaufmann. Also, ich möchte auch lieber im Büro arbeiten. Meine Arbeit ist schmutzig und anstrengend, und mein Bruder geht jeden Abend mit sauberen Händen nach Hause.

Max Pächter, 22 Jahre, Automechaniker

Leider nicht. Ich war Möbelpacker, aber dann hatte ich einen Unfall und konnte die schweren Möbel nicht mehr tragen. Jetzt bin ich Nachtwächter, weil ich keine andere Arbeit finden konnte. Ich muß am Tag schlafen, und wir haben praktisch kein Familienleben mehr.

Frank Seifert, 48 Jahre, Nachtwächter

Ja. Ich sollte Lehrerin werden, weil mein Vater und mein Großvater Lehrer waren. Aber ich wollte nicht studieren. Ich habe eine Ausbildung als Kinderkrankenschwester gemacht. Ich finde die Arbeit sehr schön, obwohl ich viele Überstunden machen muß.

Eva Amman, 25 Jahre, Krankenschwester

1. Wer ist zufrieden? Wer ist unzufrieden? Warum?

Name	Beruf	zufrieden?	warum?
Petra M.	Sekretärin	nein	kann nicht selbständig arbeiten
Max P.			
Frank S.			
Eva A.			

Petra Maurer ist Sekretärin. Sie ist unzufrieden, weil sie nicht selbständig arbeiten kann.

Max P. ist ...

Hexe ist ein Beruf mit Zukunft. Ich bin sehr zufrieden!

2. Wollte – sollte – mußte – konnte – durfte.

Welches Modalverb paßt?

2.1.

Präteritum

Ich
| wollte ...
| konnte ...
| durfte ...
| sollte ...
| mußte ...

Er/sie
| wollte ...
| konnte ...
| durfte ...
| sollte ...
| mußte ...

a) Petra Maurer _____ lange Zeit nicht arbeiten, weil sie krank war. Dann _____ sie das Dolmetscherdiplom nicht mehr machen. Als Sekretärin _____ sie gleich Geld verdienen.

b) Max Pächter _____ eigentlich nicht Automechaniker werden, aber er _____, weil seine Eltern eine Werkstatt haben. Sein Bruder _____ Bürokaufmann werden.

c) Frank Seifert _____ eine andere Arbeit suchen, weil er einen Unfall hatte. Eigentlich _____ er nicht Nachtwächter werden, aber er _____ nichts anderes finden.

d) Eva Amman _____ eigentlich nicht Krankenschwester werden. Ihre Eltern _____ lieber noch eine Lehrerin in der Familie. Aber sie _____ dann doch im Krankenhaus arbeiten.

3. Zufrieden oder unzufrieden?

wenig Arbeit haben   schlechte Arbeitszeit haben   viel Geld verdienen   in die Schule gehen müssen

eine anstrengende Arbeit haben   keine Freizeit haben

viele Länder sehen   viel Arbeit haben

schwer arbeiten müssen

| Er | ist | zufrieden, | weil ... |
| Sie | | unzufrieden, | obwohl ... |

reich sein

nicht arbeiten müssen   eine schmutzige Arbeit haben   einen schönen Beruf haben

nachts arbeiten müssen   nach Hause gehen wollen   viel Geld haben

4. Wollten Sie lieber einen anderen Beruf? Haben Ihre Freunde ihren Traumberuf?

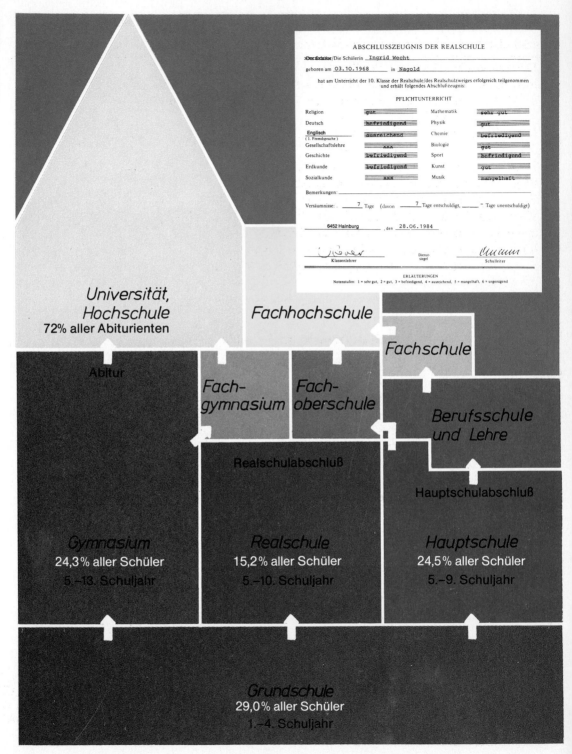

ABSCHLUSSZEUGNIS DER REALSCHULE

Der Schüler/Die Schülerin Ingrid Wecht

geboren am 03.10.1968   in Nagold

hat am Unterricht der 10. Klasse der Realschule/des Realschulzweiges erfolgreich teilgenommen
und erhält folgendes Abschlußzeugnis:

PFLICHTUNTERRICHT

Religion	gut	Mathematik	sehr gut
Deutsch	befriedigend	Physik	gut
Englisch (1. Fremdsprache)	ausreichend	Chemie	befriedigend
Gesellschaftslehre	xxx	Biologie	gut
Geschichte	befriedigend	Sport	befriedigend
Erdkunde	befriedigend	Kunst	gut
Sozialkunde	xxx	Musik	mangelhaft

Bemerkungen: _____

Versäumnisse: _____7__ Tage (davon ____7__ Tage entschuldigt, _____ Tage unentschuldigt)

6452 Hainburg _____, den 28.06.1984 _____

_____   Dienst-   _____
Klassenlehrer   siegel   Schulleiter

ERLÄUTERUNGEN
Notenstufen: 1 = sehr gut, 2 = gut, 3 = befriedigend, 4 = ausreichend, 5 = mangelhaft, 6 = ungenügend

Universität, Hochschule
72% aller Abiturienten

Fachhochschule

Fachschule

Abitur

Fach- gymnasium

Fach- oberschule

Berufsschule und Lehre

Realschulabschluß

Hauptschulabschluß

Gymnasium
24,3% aller Schüler
5.–13. Schuljahr

Realschule
15,2% aller Schüler
5.–10. Schuljahr

Hauptschule
24,5% aller Schüler
5.–9. Schuljahr

Grundschule
29,0% aller Schüler
1.–4. Schuljahr

1. Was ist richtig? Was ist falsch? Korrigieren Sie die falschen Aussagen.

Das Schulsystem in der Bundesrepublik Deutschland	Richtig	Falsch
a) Die Grundschule dauert in der Bundesrepublik 5 Jahre.		
b) Jedes Kind muß die Grundschule besuchen. Wenn man die Grundschule besucht hat, kann man zwischen Hauptschule, Realschule und Gymnasium wählen.		
c) In der Bundesrepublik gibt es Zeugnisnoten von 1 bis 6.		
d) 6 ist die beste, 1 die schlechteste Note.		
e) Auch Religion ist in der Bundesrepublik ein Schulfach.		
f) Wenn man studieren will, muß man das Abitur machen.		
g) Das Abitur kann man auf der Realschule machen.		
h) Wenn man den Realschulabschluß oder den Hauptschulabschluß gemacht hat, kann man auch noch auf das Gymnasium gehen.		
i) Auf der Hauptschule kann man eine Lehre machen.		
j) Nur 72 Prozent Abiturienten fangen nach dem Abitur ein Studium auf der Universität an.		
k) Alle Schüler müssen auf die Hauptschule gehen.		

2. Berichten Sie über das Schulsystem in Ihrem Land.

Alle Kinder müssen ... Jahre die Schule besuchen.

Jedes Kind kann sich die Schule aussuchen.

Die meisten Kinder besuchen die ...

Es gibt Zeugnisnoten von ... bis ...

Jedes Kind kann ...

Manche Schüler ...

Die ... schule dauert ... Jahre.

Wenn man studieren will, muß man ...

3. Manfred Zehner, Realschüler

2.2b)

Das 9. Schuljahr ist zu Ende. Manfred Zehner hat jetzt verschiedene Möglichkeiten. Er kann

a) noch ein Jahr zur Realschule gehen.

b) auf das Gymnasium oder auf die Gesamtschule gehen.

c) mit der Schule aufhören und eine Lehre machen.

d) mit der Schule aufhören und eine Arbeit suchen.

Manfred überlegt die Vorteile und Nachteile.

```
+ einen richtigen Beruf lernen
+ den Realschulabschluß bekommen
+ das Abitur machen können
+ schon gleich Geld verdienen können
- später keinen richtigen Beruf haben
- noch mindestens vier Jahre kein Geld
  verdienen
- noch kein Geld verdienen können
- später nicht studieren können
```

a) Wenn er noch ein Jahr zur Realschule geht, dann | bekommt er den Realschulabschluß.
kann er noch kein Geld verdienen.
...

b) Wenn er ...

Nebensatz (= Inversionssignal) Hauptsatz

Wenn er eine Lehre macht, – verdient er Geld.
dann verdient er Geld.

Manfred Zehner

A. Hören Sie das Gespräch.

B. Was stimmt nicht? Korrigieren Sie den Text.

Manfred will mit der Schule aufhören, weil er ein schlechtes Zeugnis hat. Er will eine Lehre machen, wenn er eine Lehrstelle findet. Manfreds Vater findet diese Idee gut. Er sagt: „Die Schulzeit ist die schlimmste Zeit im Leben." Manfreds Mutter sagt zu ihrem Mann: „Sei doch nicht so dumm! In einem Jahr hat Manfred einen richtigen Schulabschluß."

Manfred kann auch auf das Gymnasium gehen und dann studieren. Das möchte er aber nicht, weil Akademiker so wenig Geld verdienen.

C. Machen Sie mit Ihrem Nachbarn ein Rollenspiel: Ihre Schwester (Ihr Bruder) will mit der Schule aufhören, aber sie (er) hat noch kein Abschlußzeugnis.

Jugend '84

Ohne Zukunft?

»Ich bewerbe mich jetzt für nächstes Jahr. Vielleicht klappt es dann.«
Andrea B. (16), Gelsenkirchen, ohne Lehrstelle

Obwohl junge Leute heute eine bessere schulische Ausbildung als früher haben, finden sie schwerer eine Lehrstelle.

Andrea wohnt bei ihren Eltern. Sie ist 16, trägt Jeans und T-Shirt, aber sie spricht wie eine alte Frau ohne Zukunft: »Jeden Tag mache ich die Wohnung sauber«, sagt sie. »Manchmal muß ich nicht viel tun. Dann bin ich, wenn ich um neun anfange, schon um halb zehn fertig und weiß nicht, was ich tun soll.«

Andrea B. aus Gelsenkirchen ist arbeitslos. Sie möchte Krankenschwester werden, findet aber nirgends eine Lehrstelle. Andrea hat schon 38 Bewerbungen geschrieben, aber immer war die Antwort negativ. »Wir verlangen einen Notendurchschnitt von 2,5. Leider haben Sie nur einen von 2,8«, heißt es oft in den Antwortbriefen. »Außerdem«, so Andrea, »nehmen uns die Abiturienten oft die Lehrstellen weg.«

Niemand kann ihr helfen, auch das Arbeitsamt nicht. »Die sagen immer nur: Gehen Sie doch noch drei Jahre zum Gymnasium und machen Sie das Abitur. Dann können Sie studieren.« Denn wenn die Jugendlichen zur Schule gehen, sind sie offiziell nicht mehr arbeitslos. Die Statistik sieht also besser aus, weil die jungen Leute länger zur Schule gehen, obwohl sie lieber einen Beruf lernen möchten. »Das hat doch keinen Zweck«, sagt Andrea. »Da geht man drei Jahre zur Schule, macht vielleicht das Abitur und findet dann oft trotzdem keine Stelle. Also studiert man, macht Examen und ist wieder arbeitslos.«

Andrea möchte noch fünf oder sechs Monate warten und eine Lehrstelle suchen. »Wenn ich aber dann doch nichts gefunden habe, gehe ich vielleicht doch noch zur Schule. Das ist immer noch besser als ein langweiliger Büroberuf«, meint Andrea und denkt an ihre Freundin Regina. Die wollte eigentlich Erzieherin werden, hat aber keine Lehrstelle gefunden und wird jetzt Sekretärin. Sie ist, so Andrea, sehr unzufrieden und möchte, wenn sie eine Chance bekommt, den Beruf wechseln.

1. Was paßt zusammen?

Viele junge Leute haben Probleme,	obwohl sie lieber arbeiten möchten.
Andrea ist jung,	hat sie noch keine Lehrstelle gefunden.
Andrea findet ihr Leben langweilig,	weil sie eigentlich Erzieherin werden wollte.
Andrea will nicht studieren,	geht sie vielleicht doch weiter zur Schule.
Andrea möchte nicht im Büro arbeiten,	weil sie das uninteressant findet.
Wenn Andrea keine Stelle findet,	weil sie dann bestimmt auch keine Stelle findet.
Andreas Freundin ist sehr unzufrieden,	weil sie keine Arbeit hat.
Viele junge Leute machen Abitur,	wenn sie eine Stelle suchen.
Obwohl Andrea schon 38 Bewerbungen geschrieben hat,	aber sie spricht wie eine alte Frau.

2. Beschreiben Sie Andreas Situation mit Ihren Worten.

2.3.

Andrea | ist ...
        | hat ...
        | sucht ...
        | wohnt ...
        | schreibt ...
        | möchte ...

Sie bekommt keine Lehrstelle, weil ...
Die Abiturienten ...
Das Arbeitsamt | kann ...
              | hat ...
Andrea möchte nicht ..., weil ...
Sie findet Schule ... als ...

3. Beschreiben Sie die Situation von Jörn.

Realschulabschluß, 17 Jahre, möchte Automechaniker werden, Eltern wollen das nicht, soll Polizist werden (Beamter, sicherer Arbeitsplatz), Jörn will aber nicht, ein Jahr eine Lehrstelle gesucht, zufällig letzten Monat eine gefunden, Beruf macht Spaß, aber wenig Geld

4. Welche Schulen haben Sie besucht? Was haben Sie nach der Schule gemacht?

Prüfung gemacht   Diplom gemacht   studiert   die ... schule besucht

eine Reise gemacht   zur Universität gegangen

eine Lehre gemacht   gearbeitet   ...

... Jahre zur Schule gegangen   ins Ausland gegangen   geheiratet

Wiederholung: Perfekt

machen – ich habe gemacht
arbeiten – ich habe gearbeitet
gehen – ich bin gegangen
...

B3

1

Stellenangebote

ALKO-DATALINE

sucht eine **Sekretärin**
für die Rechnungsabteilung.

Wir – sind ein Betrieb der Elektronikindustrie
– arbeiten mit Unternehmen im Ausland zusammen
– bieten Ihnen ein gutes Gehalt, Urlaubsgeld, 30 Tage Urlaub, Essen und Sportmöglichkeiten im Betrieb, ausgezeichnete Karrierechancen
– versprechen Ihnen einen interessanten Arbeitsplatz mit Zukunft, aber nicht immer die 5-Tage-Woche

Sie – sind ca. 25–30 Jahre alt und eine dynamische Persönlichkeit – sprechen perfekt Englisch – arbeiten gern im Team – lösen Probleme selbständig – möchten in Ihrem Beruf vorwärts kommen.

Rufen Sie unseren Herrn Waltemode unter der Nummer 20 03 56 an oder schicken Sie uns Ihre Bewerbung.

ALKO-DATALINE
Industriestraße 27, 6050 Offenbach

Wir sind ein Möbelunternehmen mit 34 Geschäften in der ganzen Bundesrepublik. Für unseren Verkaufsdirektor suchen wir dringend eine

Chefsekretärin

mit mehreren Jahren Berufserfahrung. Wir bieten einen angenehmen und sicheren Arbeitsplatz mit sympathischen Kollegen, gutem Betriebsklima und besten Sozialleistungen. Wenn Sie ca. 30–35 Jahre alt sind, perfekt Schreibmaschine schreiben, selbständig und allein arbeiten können, bewerben Sie sich bei:

Baumhaus KG
Postfach 77, 4450 Hanau am Main
Telefon (0 6181) 36 02–239

Unser Betrieb wird immer größer. Unsere internationalen Geschäftskontakte werden immer wichtiger. Deshalb brauchen wir eine zweite

Chefsekretärin

mit guten Sprachkenntnissen in Englisch und mindestens einer weiteren Fremdsprache. Zusammen mit Ihrer Kollegin arbeiten Sie direkt für den Chef des Unternehmens. Sie bereiten Termine vor, sprechen mit Kunden aus dem In- und Ausland, besuchen Messen, schreiben Verträge, mit einem Wort: Auf Sie wartet ein interessanter Arbeitsplatz in angenehmer Arbeitsatmosphäre. Außerdem bieten wir Ihnen: 13. Monatsgehalt, Betriebsrente, Kantine, Tennisplatz, Schwimmbad.

Böske & Co. Automatenbau
Görickestraße 1–3, 6100 Darmstadt

1. Was für eine Sekretärin suchen die drei Firmen?

A. Wie soll sie sein?
Was soll sie können?

B. Was bieten die Betriebe?
Was versprechen sie?

ALKO-Dataline sucht eine junge Sekretärin. Sie soll gut Englisch sprechen und ...

Die Baumhaus KG bietet einen sicheren Arbeitsplatz und ...

C. Wie ist es in Ihrem Land?
Was muß eine Sekretärin können? Was für eine Ausbildung muß sie haben?
Was bietet ein größerer Betrieb seinen Angestellten?

Firma Baumhaus KG
Personalabteilung
Industriestraße 27
6050 Offenbach

Betr.: Bewerbung als Chefsekretärin
    Ihre Anzeige vom 4.2.1983 in der
    Frankfurter Allgemeinen Zeitung

Sehr geehrte Damen und Herren,
Ich bewerbe mich hiermit um die Stelle als Chef-
sekretärin in Ihrer Firma. Seit 1976 arbeite ich als
Sekretärin bei der Firma Euro-Mobil in Offenbach.
Ich möchte gerne selbständiger arbeiten und suche
deshalb eine neue Stelle mit interessanteren Aufgaben.

Mit freundlichen Grüßen

Petra Maurer

Lebenslauf

Name	Maurer, geb. Pott
Vornamen	Petra Maria Barbara
geboren am	16.08.1955
in	Aschaffenburg / Main
	Grundschule in Bergen-Enkheim
01.04.1962 – 24.06.1966	Schillergymnasium in Frankfurt/M.
30.08.1966 – 30.06.1969	Brüder-Grimm-Realschule in Frankfurt Realschulabschluß
01.09.1969 – 17.05.1972	Dolmetscherinstitut in Mainz (Englisch / Spanisch)
01.10.1972 – 03.06.1974	Sprachpraktikum in den U.S.A.
15.09.1974 – 10.02.1976	Sekretärin bei Fa. Euromobil-Import / Export Offenbach
seit 01.04.1976	Heirat mit dem Exportkaufmann Jochen Maurer
14.03.1979	Abendschule (Sekretärinnenkurs) Abschlußprüfung vor der Industrie- und Handelskammer: geprüfte Sekretärin
01.09.1981 – 30.06.1982	
21.03.1982	Scheidung
jetzige Stelle:	Sekretärin bei Fa. Euromobil

2. Warum möchte Petra Maurer die Stelle wechseln?

Lesen Sie noch einmal den Text auf Seite 24!

3. Beschreiben Sie den Lebenslauf von Petra Maurer.

Vom ersten April 1962 bis zum 24. Juni 1966 hat sie . . .
Am . . . hat sie den Realschulabschluß gemacht.
Seit dem . . .
. . .

Datum
    der erste April   (Welcher Tag?)
    am ersten April   (Wann?)
seit dem ersten April   (Seit wann?)
    vom ersten April ⎫
bis zum ersten Mai ⎭   (Wie lange?)

4. Petra Maurer beim Personalchef der Firma Böske & Co.

A. Hören Sie das Gespräch.

B. Was ist richtig?

a) Petra war in den USA
   ☐ bei Freunden.
   ☐ in einem Sprachinstitut.
   ☐ zuerst im Institut und dann bei Freunden.

b) Petra kann
   ☐ nur sehr schlecht Spanisch.
   ☐ nur Spanisch sprechen, aber nicht schreiben.
   ☐ Spanisch sprechen und schreiben.

c) Petra hat nur 3 Jahre das Gymnasium besucht,
   ☐ weil sie kein Abitur machen wollte.
   ☐ weil sie dort schlechte Noten hatte.
   ☐ weil sie Dolmetscherin werden wollte.

d) Petra ist nach Deutschland zurückge-kommen,
   ☐ weil sie kein Geld mehr hatte.
   ☐ weil sie krank war.
   ☐ weil sie nicht länger bleiben wollte.

5. Machen Sie ein Rollenspiel mit Ihrem Nachbarn.

Petra Maurer ist beim Personalchef von Alko-Dataline (Firma Baumhaus KG).

A. Notieren Sie vorher Ihre Fragen:

Personalchef		Petra Maurer
Warum haben Sie ...?	Können Sie ...?	Wieviel ...?
Warum sind Sie ...?	Wieviel ...?	Wie lange ...?
Warum möchten Sie ...?	Wann ...?	Wann ...?
Was haben Sie zwischen ...	...	Wie ...?
und ... gemacht?		...

B. Machen Sie dann das Rollenspiel im Kurs.

6. Vergleichen Sie Petras Notizen mit den Anzeigen auf Seite 30.

A. Was ist für Petra wichtig? Was findet sie nicht wichtig?

B. Was findet sie bei den Firmen gut? Was findet sie schlecht?

C. Welche Stelle finden Sie am besten? Warum?

<u>Alko - Dataline</u>
+ 2.800.- DM brutto, 30 Tage Urlaub; interessante Arbeit, nette Kollegen, kann meine Sprachkenntnisse verwenden. Elektronik = Zukunft (?) Kann Chefsekretärin werden !
- keine Betriebsrente, samstags arbeiten!, 12 km Fahrt !!

<u>Baumhaus KG</u>
+ gute Sozialleistungen (Urlaubsgeld, Betriebsrente) Firma in Hanau (3 Haltestellen mit dem Bus!) gute Arbeitszeit : 9.00 bis 17.00
- 2.500.- DM brutto, ältere Kollegen, unsympathischer Chef, bin immer ganz allein im Büro (kaum Kontakte), kann meine Sprachkenntnisse nicht verwenden

<u>Böske</u>
+ 3.400.- DM brutto, 13. Monatsgehalt, Betriebsrente, netter Chef, kann oft Englisch und Spanisch sprechen (Lateinamerika - Geschäft!)
- 30 km Fahrt (Darmstadt !!) Unfreundliche Kollegin (= 1. Chefsekretärin) - dummes Huhn - (muß immer mit ihr zusammenarbeiten) Reisen, Messen besuchen : Stimmt gar nicht !!

Wunschliste für den Beruf

Als wichtige Gründe für die Berufswahl nannten von je 100 Befragten:

Sicherer Arbeitsplatz	**76**
Guter Verdienst	**58**
Soziale Sicherheit	**50**
Interessante Arbeit	**40**
Gute Kollegen	**38**
Leichte Arbeit	**32**
Kurze Fahrt	**28**
Karriere	**23**
Selbst. Arbeit	**22**
Prestige	**21**
Viel Freizeit	**19**

Viel Geld, viel Freizeit, eine interessante Arbeit, gute Karrierechancen und nette Kollegen möchte natürlich jeder gerne haben. Aber alles zusammen, das gibt es selten. Wenn Sie wählen müssen, was ist für Sie wichtiger? Sicherer Arbeitsplatz oder guter Verdienst? Interessante Arbeit oder viel Freizeit? Nette Kollegen oder selbständige Arbeit? Gute Karrierechancen oder kurze Fahrt zum Arbeitsort?

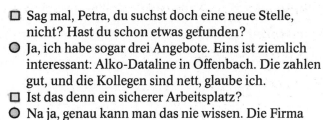

☐ Sag mal, Petra, du suchst doch eine neue Stelle, nicht? Hast du schon etwas gefunden?

○ Ja, ich habe sogar drei Angebote. Eins ist ziemlich interessant: Alko-Dataline in Offenbach. Die zahlen gut, und die Kollegen sind nett, glaube ich.

☐ Ist das denn ein sicherer Arbeitsplatz?

○ Na ja, genau kann man das nie wissen. Die Firma ist noch jung, aber Elektronikindustrie – das hat Zukunft.

☐ Und? Nimmst du die Stelle?

○ Ich weiß noch nicht. Wenn ich sie nehme, muß ich jeden Tag zwölf Kilometer fahren. Eigentlich wollte ich lieber eine Stelle hier in der Stadt.
Außerdem gefällt mir die Arbeitszeit nicht.

☐ Also, das finde ich nicht so schlimm.
Du hast doch ein Auto.

○ Trotzdem, ich muß nochmal darüber nachdenken.

☐ Wie sind denn die anderen Angebote?

○ ...

Du Petra, suchst du nicht eine neue
Arbeit? / einen neuen Job?

Wolltest du nicht | die Stelle | wechseln?
                  | den Job |

Was macht deine Bewerbung?

(Ja,) Ich war bei drei Firmen / Betrieben.

Ein Angebot | gefällt mir | ganz gut. ...
            | finde ich |

Die bieten ein gutes Gehalt / ...,
und der Chef / die Arbeit / ... ist ...

Und wie sind die Sozialleistungen? / die
Karrierechancen? / ...

Und wieviel ... / wie lange ... / ...

Die sind | nicht besonders.
         | gut.
         | ...

Willst du | annehmen?
          | die Stelle wechseln?

Ich bin mir noch nicht ganz sicher.

Eigentlich möchte ich lieber ...

Und | die Arbeitszeit | ist | ...
    | die Kollegen | sind |
    | der Weg zur Arbeit | |

Ich finde das nicht wichtig.
Das geht doch.

Na ja, mal sehen.

Ich habe ja | noch Zeit.
            | noch nicht gekündigt.

Ich kann ja noch warten. Vielleicht finde
ich noch etwas Besseres / anderes / ...

Die Gefährlichkeit der Rasensprenger (2)

Das Frühstück der Gottschalks ist an diesem Sonntagmorgen nicht so gemütlich wie sonst. Walter hat keinen Appetit. Nach einem Toast mit Marmelade ist er schon fertig. Lilo, seine Frau, ist unruhig. Sie steht immer wieder auf, weil sie etwas vergessen hat: sie muß noch das Radio ausschalten, das Küchenfenster schließen, das Fleisch aus dem Kühlschrank nehmen. Und Andy und Caroline streiten diesmal nicht um das letzte Brötchen. Nur Oma ist wie immer.

»Was habt ihr denn alle?« will sie wissen, »draußen scheint die Sonne, und ihr macht ein Gesicht wie drei Tage Regenwetter.« »Das verstehst du nicht, Mutter«, sagt Walter.

»Was verstehe ich nicht? Ich verstehe nie was, weil ihr mir ja auch nie was erklärt. Ich bin für euch nur eine dumme alte Frau.«

»Ich bitte dich, Mutter«, sagt Lilo nervös, »wir haben es schon schwer genug. Mach es uns bitte nicht noch schwerer.« Das ist zuviel für Oma. Sie steht auf, nimmt ihre Tasse Tee und geht in ihr Zimmer.

»Ist doch wahr!« sagt Lilo.

In diesem Moment klingelt jemand an der Tür.

»Kann man denn nicht mal in Ruhe frühstücken!« Walter ist wütend, sicher sind das wieder Andys oder Carolines Freunde – mindestens drei. Und das heißt ein paar Stunden Hard-Rock von Carolines neuem Kassetten-Recorder.

»Wie oft habe ich euch gesagt, ich will am Sonntag keinen Hauszirkus!«

Wieder klingelt es.

»Nun geh schon!« sagt Walter zu seinem Sohn, »oder soll ich vielleicht aufmachen?«

Andy geht zur Tür, kommt aber gleich zurück. Er triumphiert, denn es sind nicht seine Freunde.

»Papa, da ist ein Mann…«

Mehr kann er nicht sagen, weil der Mann schon hinter ihm steht und allen einen »wunderschönen Guten Morgen« wünscht.

»Ich hoffe, ich störe nicht«, sagt der Mann. Er trägt einen eleganten grauen Anzug, seine Krawatte sitzt perfekt, und in der Hand hält er einen kleinen schwarzen Aktenkoffer.

»Willeke ist mein Name«, sagt er mit großer Freundlichkeit, »Willi Willeke, von der Firma Maßmann & Co.«

Endlich findet Walter seine Sprache wieder.

»Ein Vertreter … am Sonntagmorgen … das ist, das ist doch wohl nicht möglich! Hören Sie, Herr…Herr…«

»Willeke«, sagt Herr Willeke.

»Hören Sie, Herr Willeke…!« Walter steht auf. »Wir brauchen nichts, und wir kaufen nichts. Ist das klar?«

»Auch nicht einen schönen neuen Rasensprenger?« fragt Herr Willeke leise und sehr freundlich.

Fortsetzung folgt

»Ich hoffe, ich störe nicht«, sagt der Mann.

A

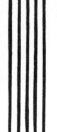

Nachrichten

**Kinder-
stunde**

Sport

Theater

Bildung

Konzert

Film

Show

Krimi

Kunst ist ...
was gefällt

Dienstag 17. Februar

① Programm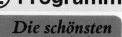

15.40 Tagesschau

15.45 Expeditionen ins Tierreich
Heinz Sielmann zeigt: Tiere in der Großstadt

16.20 Viele fahren in den Tod.
Reportage von Paul Karolus
Motorradfahren ist gefährlich. Besonders junge Menschen wissen oft nicht, wie man eine schwere Maschine sicher fährt. Viele sterben bei einem Unfall.

17.00 ARD-Sport-Extra aus Val d'Isere
Ski-Weltcup: Riesenslalom der Damen.

17.25 Herr Rossi macht Ferien (5)
Kindersendung. Ital. Zeichentrickfilm.
Herr Rossi und sein Freund, der Hund Gastone, kaufen einen Wohnwagen und wollen Urlaub machen.

17.50 Tagesschau

18.00 Regionalprogramme (und Werbefernsehen)
Hessen, Berlin, Bayern, Süddt./Südwest, Bremen, Westdeutscher Rundfunk, Norddeutscher Rundfunk

20.00 Tagesschau

20.15 Was bin ich?
Heiteres Beruferaten mit Robert Lembke

21.00 Sonderdezernat K1
Die Rache des Chefs
Krimi von Hubert Mang
Regie: Alfred Weidemann
In einer Wohnung liegt eine junge Frau. Es ist die Heroinsüchtige Helga Voss. Hat sie zuviel Heroin genommen, oder hat man sie ermordet? An der Uhr der Toten findet Kommissar Seidel eine erste Spur.

22.30 Tagesthemen

23.00 Arena
Kultur vor Mitternacht
Thema: Was machen wir in unserer Freizeit?
Moderator: Peter Langemann
Die 35-Stunden-Woche kommt bestimmt. Langweilen wir uns dann in der Freizeit, oder haben wir Freizeit-Streß? Über diese Frage diskutieren Soziologen und Gewerkschafter.

0.10 Tagesschau

 15⁴⁵ Expeditionen ins Tierreich

Tiere in der Großstadt
Man muß nicht immer in den Zoo gehen, wenn man in der Großstadt Tiere sehen will: Heinz Sielmann hat mit der Filmkamera wildlebende Großstadttiere in alten Häusern, in Parks und in der Kanalisation aufgenommen. Diese Tiere findet man nur dann, wenn man weiß, wo man suchen muß. Der Film zeigt, wie sich die Tiere an die Großstadt gewöhnt haben und wie sie hier leben.

Sonderdezernat K1

Die Rache des Chefs **21⁰⁰**

Dieser Krimi – in der Reihe »Sonderdezernat K1« – geht besonders deshalb unter die Haut, weil die spannende Geschichte einen sehr realen Hintergrund hat: den Handel mit Rauschgift. Hubert Mang kennt die Drogenszene, er war ein Jahr lang Sozialhelfer in Hamburg, und das kommt dem Film zugute: Da stimmt jedes Bild, da ist nichts falsch und nichts übertrieben. Im Film werden realistische Zahlen genannt – fast 400 Herointote im vergangenen Jahr – und diese Zahlen machen die Mission des Kommissars glaubwürdig.

② Programm

Die schönsten Melodien der Welt **18³⁰**
Fast eine musikalische Weltreise: Sie beginnt in Trinidad mit einem klangvollen Calypso der Pan American Steel Band, führt dann mit der Gruppe »Los Amigos Paraguayos« nach Südamerika und geht weiter über »Blue Hawaii« nach »San Francisco«. Und dann über den Atlantik nach Europa, und hier von Land zu Land – immer der schönsten Melodie nach!

20¹⁵ Gesundheitsmagazin Praxis
Kinder im Krankenhaus
Für Kinder ist es besonders schlimm, wenn sie ins Krankenhaus müssen: zu den Schmerzen kommen Angst vor dem fremden Ort, den fremden Menschen und den fremdartigen Instrumenten. Wenn dann auch die Eltern nicht mehr in der Nähe sind – was bei uns normalerweise der Fall ist – dann ist alles doppelt schlimm.

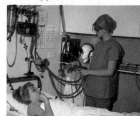

Der dritte Beitrag zum »Gesundheitsmagazin Praxis« gibt Auskunft darüber, wie manche Krankenhäuser es möglich machen, daß ein Elternteil mit dem Kind im Krankenhaus bleiben und auch da schlafen kann, und was Eltern und Kinder dazu sagen. Über die Kosten und die Probleme der Organisation diskutieren der Leiter des städtischen Krankenhauses in Pfaffenheim, Prof. Dr. A. Mingram und der Kinderpsychologe Dr. Dr. E. Bolz.

16.00 Heute

16.04 Lehrerprobleme – Schülerprobleme
Thema: Lieblingsschüler
Jeder Lehrer hat seine Lieblingsschüler: »Die dürfen alles, die anderen nichts«, sagen Schüler oft. In der Sendung diskutieren Schüler und Lehrer über dieses alte Problem.

16.35 Lassie
Lassie findet einen neuen Freund

17.00 Heute

17.08 Teleillustrierte
Informationen, Unterhaltung, Musik, Gäste: Reinhard Fendrich und Teddy Nelson

18.00 Brigitte und ihr Koch
Tips für die Diätküche
Nicht hungern, sondern weniger essen: Franco Palumbo, Amerikas TV-Koch, ist in acht Monaten 60 Pfund leichter geworden – mit neuen Rezepten. Eines davon zeigt er in dieser Sendung: Chinesische Nudeln. Außerdem: Wie brät man Steaks richtig, und welche Gewürze passen dazu?

18.30 Die schönsten Melodien der Welt
Bekannte Stars singen ihre Hits

19.00 Heute

19.30 Auslandsjournal
Berichte, Meinungen und Analysen aus dem Ausland

20.15 Gesundheitsmagazin Praxis
1. Herzchirurgie, 2. Diät für Herzkranke, 3. Kinder im Krankenhaus, 4. Aktuelle Sprechstunde

21.00 Heute Journal

21.20 Welt der Mode
Tips und Trends
Der Mini kommt zurück, und Hosenanzüge bleiben modern. In New York sind Schwarz und Weiß die neuen Modefarben.

22.00 Die untreue Ehefrau
Französisch-italienischer Spielfilm
Die junge Frau eines bekannten Pariser Rechtsanwalts hat einen Liebhaber. Ihr Ehemann weiß das. Er besucht den Liebhaber und ermordet ihn.
Regie: Claude Vacher

23.40 Heute

1. Welche Sendung gehört zu welchem Bild?

Bild	A	B	C	D	E	F
Programm? Uhrzeit?						

2. Ordnen Sie die Sendungen aus dem Fernsehprogramm.

Nachrichten/ Politik	Unterhaltung	Kultur	Sport	Kinder- sendung	Kriminalfilm/ Spielfilm

3. Welche Sendungen sind in Ihrem Land ähnlich?

Welche gibt es nicht? Wann fangen die Sendungen in Ihrem Land an? Wann ist das Programm zu Ende?

Leserbriefe

Arena. ARD, 17. Februar, 23.00 Uhr. Soziologen und Gewerkschafter diskutierten über das Thema: »Was machen wir mit unserer Freizeit?«

Wenn ich abends nach Hause komme, freue ich mich auf den Fernsehabend. Dann möchte ich gute Unterhaltung. Arena ist Mist!
Eduard Flick, Techniker, Dortmund

Der Moderator ist schlecht, die Sendung ist langweilig, die Diskussionsthemen sind uninteressant. Ich ärgere mich über jede Sendung.
Günter Weiher, Lehrer, Gießen

Arena gefällt mir sehr gut. Ich freue mich auf die nächste Sendung.
Elfi Ammer, Hausfrau, Aachen

In dieser Sendung fehlt der Pfeffer. Ich ärgere mich über den langweiligen Moderator.
Sabine Ohlsen, Studentin, Bremen

Arena war früher besser!
Josef Ertl, Zahnarzt, Stuttgart

Herzlichen Glückwunsch! Endlich eine interessante Kultursendung. Besonders freue ich mich über die Sendezeit, weil ich abends immer lange arbeiten muß.
Klaus Gram, Architekt, Augsburg

Ich interessiere mich für Kultur, aber nicht nachts um 11 Uhr! Ist Arena eine Sendung für Arbeitslose und Studenten?
Heiner Lang, Bäcker, Darmstadt

Wofür
Für interessiert sie sich?
Sport. (→ Dafür)

Worauf
Auf freut sie sich?
die Sendung. (→ Darauf)

Worüber
Über ärgert sie sich?
das Programm. (→ Darüber)

3.1.
3.2.

1. Was ist richtig?

H. Lang	ärgert sich	für	Kultur.
E. Ammer	freut sich	auf	die Sendezeit.
G. Weiher	interessiert sich	über	die nächste Sendung.
S. Ohlsen			jede Sendung.
K. Gram			den Moderator.
E. Flick			den Fernsehabend.

3.3.

2. Worüber ärgern Sie sich beim Fernsehen?

Wofür interessieren Sie sich?
Worauf freuen Sie sich?

Interessierst du dich auch für Kriminalfilme?

Nein, dafür interessiere ich mich nicht.

Ich ärgere mich oft über das Programm.

Ja, darüber kann man sich wirklich ärgern.

Ich freue mich ...
Du freust dich ...
Er/sie freut sich ...
Sie freuen sich ...

Welche Themen sollten öfter im Fernsehen kommen?

(Alle Angaben in Prozent)	Männer	Frauen
Tiere	47,1	47,9
Kinofilme	36,1	44,3
Komödien, Volksstücke	38,2	41,6
Show-, Quizsendungen	30,0	34,1
Krimis, Western	41,6	23,6
Regionale Sendungen	35,6	28,1
Ratgeber	29,4	33,7
Problemfilme	26,3	33,9
Musik	25,8	32,3
Wissenschaft, Technik	41,7	13,3
Sport	41,4	5,8
Kunst, Literatur	14,5	23,7
Politik, Wirtschaft	22,2	11,1
Jugend-, Kindersendungen	9,9	13,9
Religion	7,4	9,0

○ Machst du mal den Fernseher an?
□ Warum? Was kommt denn jetzt?
○ Im zweiten Programm kommen jetzt Nach-
   richten. Die möchte ich gern sehen.
□ Nachrichten? Das ist doch immer dasselbe.
○ Kann sein. Aber ich interessiere mich nun mal
   sehr für Politik. Die Nachrichten sehe ich im-
   mer. Du nicht?
□ Also, Nachrichten finde ich langweilig. Ich sehe am liebsten Sport.
○ Für andere Sendungen interessierst du dich nicht?
□ Nein. Ich ärgere mich meistens über das Programm, besonders über
   die Unterhaltungssendungen. Die sind doch langweilig.
○ Da hast du recht. Aber die Nachrichten können wir doch wenigstens ansehen, ja?
□ Meinetwegen ...

Kannst du bitte den Fernseher anmachen?
Wollen wir ein bißchen fernsehen?

Muß das sein?
Was gibt es denn?

| Im ... Programm gibt es | Sport. |
| | ... |

| Sport? | Das ist doch | jedesmal | dasselbe. |
| ... | | immer | gleich. |

Mag sein. Aber ich interessiere mich nun			
mal	ziemlich	für	Sport.
	ein bißchen		...
	...		
Die	Sportsendungen	sehe ich oft / meistens /
	...	
regelmäßig / immer / jeden Abend.

| Also, ... sehe ich nie / fast nie / |
| nur manchmal / selten. |

Ich mag	nur	die Kultursendungen.
	besonders	die Kriminalfilme.
	vor allem	...
	...	
Ich freue mich immer auf	

Für andere	Filme	interessierst du
	Themen	
	Sendungen	
dich nicht?

Nicht so sehr. / Kaum. / Wenig.
| Ich ärgere mich | oft | über das Programm. |
| | immer | ... |
Das ist doch langweilig / uninteressant / dumm.

Meinst du?
Da bin ich anderer Meinung.
Sicher, aber ...

Können wir denn jetzt den Fernseher
anmachen?

| Wenn es sein muß ... |
| Von mir aus ... |
Aber dann	gehe ich jetzt spazieren.
	hole ich mir ein Buch.
	...

1. Welche Sätze passen in welche Karikaturen?

a) Warum gibt es Lassie immer sonntags um 4.00 Uhr?

b) Du kannst erst um 11.35 Uhr mit Vater sprechen. Dann ist das Programm zu Ende.

c) Gut, noch drei Tote. Dann mußt du aber ins Bett!

d) Wie schön, wenn man den Kindern die Natur zeigen kann.

e) Warum hatten wir diese Idee nicht schon früher?

f) Warum machst du denn immer deine Spielsachen kaputt?

g) Es ist 23.00 Uhr! Das ist keine Kindersendung!

h) Wir wollen noch nicht ins Bett! Wir wollen auch fernsehen!

i) Du sollst nicht soviel Limonade trinken! Das ist ungesund für Kinder!

j) Müssen die Kinder wirklich jeden Tag die Kindersendung sehen?

k) Wo ist eigentlich Peter?

l) Ich glaube, unser Sohn interessiert sich nicht fürs Fernsehen.

m) Er hat seit drei Tagen kein Wort gesprochen.

n) Glaube mir! Vater war nicht immer so!

o) Unser Sohn hat jetzt Physik in der Schule.

p) Nein, ‚Mama‘ kann er noch nicht sagen. Aber ‚Peng! Peng!‘

2. Was können die Personen noch sagen? Schreiben Sie selbst neue Sätze.

3. Was meinen Sie?

Fernsehen macht die Familie kaputt.

Fernsehen ist ungesund.

Fernsehen macht dumm.

Fernsehen macht aggressiv.

Fernsehen ist schlecht für Kinder.

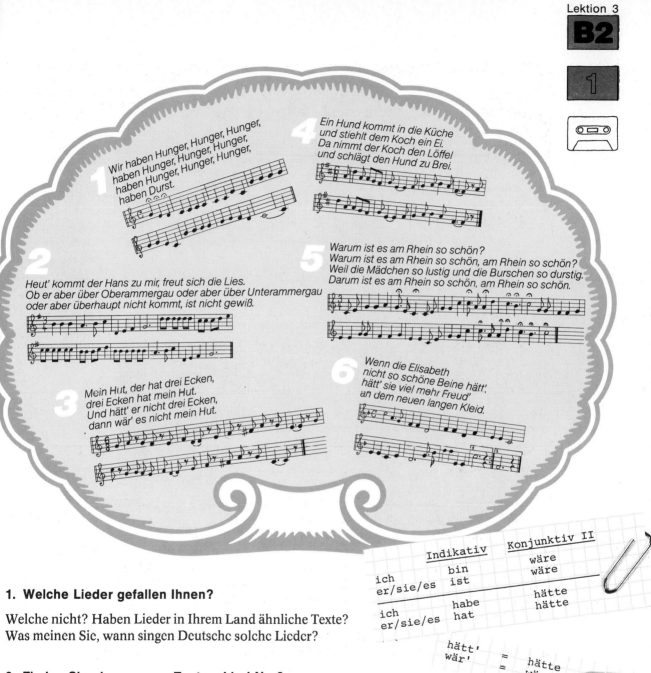

1 Wir haben Hunger, Hunger, Hunger,
haben Hunger, Hunger, Hunger,
haben Hunger, Hunger, Hunger,
haben Durst.

4 Ein Hund kommt in die Küche
und stiehlt dem Koch ein Ei.
Da nimmt der Koch den Löffel
und schlägt den Hund zu Brei.

2 Heut' kommt der Hans zu mir, freut sich die Lies.
Ob er aber über Oberammergau oder aber über Unterammergau
oder aber überhaupt nicht kommt, ist nicht gewiß.

5 Warum ist es am Rhein so schön?
Warum ist es am Rhein so schön, am Rhein so schön?
Weil die Mädchen so lustig und die Burschen so durstig.
Darum ist es am Rhein so schön, am Rhein so schön.

3 Mein Hut, der hat drei Ecken,
drei Ecken hat mein Hut.
Und hätt' er nicht drei Ecken,
dann wär' es nicht mein Hut.

6 Wenn die Elisabeth
nicht so schöne Beine hätt',
hätt' sie viel mehr Freud'
an dem neuen langen Kleid.

	Indikativ	Konjunktiv II
ich	bin	wäre
er/sie/es	ist	wäre
ich	habe	hätte
er/sie/es	hat	hätte

hätt' = hätte
wär' = wäre

1. Welche Lieder gefallen Ihnen?

Welche nicht? Haben Lieder in Ihrem Land ähnliche Texte?
Was meinen Sie, wann singen Deutsche solche Lieder?

2. Finden Sie einen neuen Text zu Lied Nr. 3.

Mein Schrank, der hat vier Türen,
vier Türen hat mein Schrank.
Und hätt' er nicht vier Türen,
dann wär' es nicht mein Schrank.

oder: Mein Brief, der hat sechs Seiten,
sechs Seiten hat . . .
Fuß – Zehen   Haus – Zimmer
Kind – Zähne   . . . – . . .

3.4b)

3. Sie können auch neue Texte für die anderen Lieder schreiben.

3.4a)
3.4b)

4. Wennachwenn dannjadann

Wenn, ach wenn . . . Wenn, ach wenn . . .
Wenn du mit mir gehen würdest, wenn du mich verstehen würdest
Dann, ja dann . . . Dann, ja dann . . .
Ja, dann würde ich immer bei dir sein, dann wärest du nie mehr allein.
Ja, wenn . . .

Machen Sie neue Texte für das Lied!

Wenn	ich	....	laufen	würde	Ja, dann	würde	ich	.....	bleiben
	du		kaufen	würdest		hätte	...		schreiben
	...		sagen			wäre			verlieben
			fragen			...			üben
			studieren						Zeit
			verlieren						weit
			...						geblieben
									geschrieben

Benutzen Sie auch das Wörterverzeichnis S. 154-167.

Wenn Sie einen lustigen Liedtext gefunden haben, dann schicken Sie ihn an:

Max Hueber Verlag, Deutsches Lektorat
Max-Hueber-Str. 4, D-8045 Ismaning bei München

Die Autoren von „Themen" würden sich sehr freuen.

Die Gedanken sind frei, wer kann sie erraten?
Sie fliegen vorbei wie nächtliche Schatten.
Kein Mensch kann sie wissen,
kein Jäger erschießen.
Es bleibet dabei, die Gedanken sind frei.

Sing doch mit!

A. Hören Sie den Dialog.

B. Was ist richtig?

a) Welche Lieder mag Max nicht?
   ☐ Politische Lieder
   ☐ Trinklieder
   ☐ Popmusik

b) Heinz findet die Trinklieder gut, weil
   ☐ sie schon sehr alt sind.
   ☐ die Texte gut sind.
   ☐ sie Spaß machen.

c) Max mag nicht singen, weil
   ☐ er nicht singen kann.
   ☐ er die Texte nicht versteht.
   ☐ er die Texte dumm findet.

Es gibt immer mehr Straßenkünstler: Musikanten, Maler und Schauspieler. Sie ziehen von Stadt zu Stadt, machen Musik, spielen Theater und malen auf den Asphalt. Die meisten sind Männer, aber es gibt auch einige Frauen. Eine von ihnen ist die 20jährige Straßenpantomimin Gabriela Riedel.

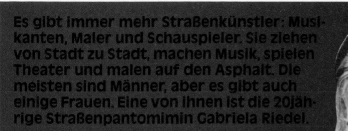

Ich hol' die Leute aus dem Alltagstrott

Das Wetter ist feucht und kalt. Auf dem Rathausmarkt in Hamburg interessieren sich nur wenige Leute für Gabriela. Sie wartet nicht auf Zuschauer, sondern packt sofort ihre Sachen aus und beginnt ihre Vorstellung: Sie zieht mit ihren Fingern einen imaginären Brief aus einem Umschlag. Den Umschlag tut sie in einen Papierkorb. Der ist wirklich da. Sie liest den Brief, vielleicht eine Minute, dann fällt er auf den Boden, und Gabriela fängt an zu weinen.

Den Leuten gefällt das Pantomimen-Spiel. Nur ein älterer Herr mit Bart regt sich auf. »Das ist doch Unsinn. So etwas müßte man verbieten.« Früher hat sich Gabriela über solche Leute geärgert, heute kann sie darüber lachen. Sie meint: »Die meisten Leute freuen sich über mein Spiel und sind zufrieden.« Nach der Vorstellung sammelt sie mit ihrem Hut Geld: 8 Mark und 36 Pfennige hat sie verdient, nicht schlecht. »Wenn ich regelmäßig spiele und das Wetter gut ist, geht es mir ganz gut.« Ihre Kollegen machen Asphaltkunst gewöhnlich nur in ihrer Freizeit. Für Gabriela ist Straßenpantomimin ein richtiger Beruf.

Gabrielas Asphaltkarriere hat mit Helmut angefangen. Sie war 19, er 25 und Straßenmusikant. Ihr hat besonders das freie Leben von Helmut gefallen, und sie ist mit ihm zusammen von Stadt zu Stadt gezogen. Zuerst hat Gabriela für Helmut nur Geld gesammelt. Dann hat sie auch auf der Straße getanzt. Nach einem Krach mit Helmut hat sie dann in einem Schnellkurs Pantomimin gelernt und ist vor sechs Monaten Straßenkünstlerin geworden.

Die günstigsten Plätze sind Fußgängerzonen, Ladenpassagen und Einkaufszentren. »Hier denken die Leute nur an den Einkauf, aber bestimmt nicht an mich. Ich hol' sie ein bißchen aus dem Alltagstrott«, erzählt sie. Das kann Gabriela wirklich. Viele bleiben stehen, ruhen sich aus, vergessen den Alltag. Leider ist Straßentheater auf einigen Plätzen schon verboten, denn die Geschäftsleute beschweren sich über die Straßenkünstler. Oft verbieten die Städte dann die Straßenkunst. »Auch wenn die meisten Leute uns mögen, denken viele doch an Zigeuner und Nichtstuer. Sie interessieren sich für mein Spiel und wollen manchmal auch mit mir darüber sprechen, aber selten möchte jemand mich kennenlernen oder mehr über mich wissen.« Gabrielas Leben ist sehr unruhig. Das weiß sie auch: »Manchmal habe ich richtig Angst, den Boden unter den Füßen zu verlieren«, erzählt sie uns. Trotzdem findet sie diesen Beruf phantastisch; sie möchte keinen anderen.

1. Fragen zum Text

a) Was machen Straßenkünstler?
b) Kann ein Straßenkünstler viel Geld verdienen?
c) Was glauben Sie, warum liebt Gabriela ihren Beruf?
d) Wie hat Gabriela ihren Beruf angefangen?
e) Was glauben Sie, warum machen nur wenige Frauen Straßentheater?

2. Machen Sie mit diesen Sätzen einen Text.

Beginnen Sie mit ①.

☐ Aber Gabriela ärgert sich nicht mehr.
☐ Deshalb kann sie jetzt ihr Geld allein verdienen.
☐ Gabriela hat dann einen Pantomimenkurs gemacht.
① Gabriela ist Straßenpantomimin.
☐ Das macht sie aber nicht – wie andere Straßenkünstler – in ihrer Freizeit.

☐ Sie lebt vom Straßentheater.
☐ Sie weiß, die meisten Leute freuen sich über ihr Spiel.
☐ Manche Leute regen sich über Straßenkünstler auf.
☐ Zuerst hat sie mit einem Freund gearbeitet.
☐ Aber dann hatten sie Streit.

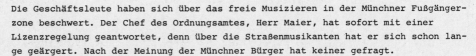

                    Liebe   Mitbürger!

Die Geschäftsleute haben sich über das freie Musizieren in der Münchner Fußgängerzone beschwert. Der Chef des Ordnungsamtes, Herr Maier, hat sofort mit einer
Lizenzregelung geantwortet, denn über die Straßenmusikanten hat er sich schon lange geärgert. Nach der Meinung der Münchner Bürger hat keiner gefragt.

Was steht in der Lizenzregelung?

1. Jeder Straßenmusikant muß sich im Rathaus anmelden und eine Lizenz beantragen.

2. Jeder Straßenmusikant darf nur einmal pro Woche spielen.

3. Pro Tag bekommen nur zehn Musikanten eine Lizenz.

4. Die Musikanten müssen jede Stunde ihren Platz wechseln.

5. Laute Musik ist verboten.

Wird München zur Kulturwüste?

München ist angeblich eine Kulturstadt. Aber durch diese Lizenzregelung stirbt allmählich die Kunstfreiheit. Die Fußgängerzone ist ein öffentlicher Platz und nicht
nur ein Konsum- und Einkaufszentrum. Die Münchner und die Touristen wollen sich
hier auch einfach nur treffen, sich auf einen Stuhl setzen und sich ausruhen,
Straßenmusik hören oder sich unterhalten.

Wir meinen, die Fußgängerzone muß ein Kommunikationszentrum bleiben. Zusammen können wir etwas gegen die Lizenzregelung tun. Unterschreiben Sie den offenen Brief
an den Münchner Stadtrat.

V.i.S.d.P. Claudia Schettler, Klenzestraße 26, 8000 München

B3

1. Wie finden Sie die neue Lizenzregelung?

Ich habe mich schon lange über diese Straßenzigeuner geärgert. Endlich tut man etwas gegen diese laute Musik. Man sollte die übrigens ganz verbieten. Die Straße ist doch kein Konzertsaal.

Warum regen Sie sich denn über die Straßenmusik so auf? Die Musik in den Kaufhäusern ist zum Beispiel auch nicht leiser. Die müßte man dann auch verbieten. Meinen Sie nicht auch?

Ich bin eigentlich für die Straßenmusik, mir würde ohne diese jungen Musikanten einfach etwas fehlen. Es wäre doch traurig, wenn die Leute nur noch für die Arbeit oder fürs Einkaufen in die Stadtmitte kommen würden. Aber ich kann die Geschäftsleute auch verstehen. Wenn ich ein Geschäft hätte, würde ich mich vielleicht auch über die Musiker beschweren. Oft spielen sie direkt vor den Ein- und Ausgängen und stören den Geschäftsverkehr. Die könnten doch auch an anderen Orten spielen, dann wäre eine Lizenzregelung nicht nötig.

Wenn die bessere Musik machen würden, wäre ich nicht dagegen. Aber die Qualität ist meistens sehr schlecht. Wenn ich Chef des Ordnungsamts wäre, dürften nur gute Musiker eine Lizenz bekommen.

Gut oder schlecht, das ist mir egal. Ohne die Straßenmusiker wäre die Fußgängerzone nur ein Konsumzentrum und bestimmt viel langweiliger. Mir würde die Straßenmusik fehlen.

2. Wie finden Sie Straßenmusik? Diskutieren Sie. Sie können folgende Sätze verwenden:

3.4b)

Wenn	es keine Straßenmusik geben	würde, dann	wäre/hätte/würde …
	man die Straßenmusik verbieten		
	Ohne Straßenmusik/Straßenmusikanten		

| Wenn | die Musik | besser | wäre, | wäre/hätte/würde … |
| | die Musikanten | leiser | wären, | |

Wenn ich	ein Geschäft hätte,	dann	wäre	ich …	Man	sollte	…
	Straßenmusikant wäre,		hätte			müßte	
Als Geschäftsmann/Straßenmusikant			würde			könnte	

Ich habe mich	schon immer/lange/oft	über	die Straßenmusik	aufgeregt/geärgert
	noch nie	für	…	gefreut/interessiert
	nur selten/manchmal			

3. Wo hören Sie am liebsten Musik?

Wann und wo mögen Sie keine Musik? Wie finden Sie Musik in Supermärkten? In Restaurants? In Kaufhäusern?

Die Gefährlichkeit der Rasensprenger (3)

»Was haben Sie da gesagt?« Walter starrt seinen Besucher mit offenem Mund an.

»Bitte, Herr Gottschalk, bleiben Sie doch sitzen.« Herr Willeke lächelt sehr freundlich, setzt sich selber auf einen freien Stuhl, öffnet seine Jacke. »Wie gesagt, ich will Sie wirklich nicht stören. Aber wenn Sie wollen, können wir uns gern einen Augenblick unterhalten – bei einer Tasse Kaffee.«

Walter macht Lilo ein Zeichen, und Lilo bringt dem Besucher eine Tasse Kaffee. Ihre Hand zittert ein wenig.

»Vielen Dank«, sagt Herr Willeke, »sehr freundlich. Und den Kuchen da, gnädige Frau, den haben Sie doch sicher selber gemacht?«

Ohne ein Wort gibt ihm Lilo den Kuchenteller. Herr Willeke nimmt sich ein Stück.

»Ausgezeichnet«, sagt er mit vollem Mund, »ganz ausgezeichnet. Mein Kompliment, gnädige Frau. Selbstgemachter Kuchen ist doch immer noch am besten. Was man heute so bei den Bäckern bekommt…«

»Herr Willeke…!« Walter wird jetzt energisch. »Habe ich richtig gehört? Sie sind Vertreter für Rasensprenger?«

Herr Willeke nimmt sich Zeit, steckt noch ein Stück Kuchen in den Mund, nimmt noch einen Schluck Kaffee… »Sie haben ganz richtig gehört«, sagt er endlich, »ich bin Vertreter der Firma Maßmann & Co. Die Firma Maßmann & Co. ist einer der größten Hersteller von Rasensprengern – und ich darf sagen, der seriöseste.«

»Interessant«, murmelt Walter. »Kinder, wollt ihr euch nicht endlich anziehen! Und vielleicht helft ihr der Mama vorher ein bißchen beim Abräumen… Herr Willeke, wollen wir uns nicht auf die Terrasse setzen, in die Sonne?«

Andy und Caroline sind enttäuscht. Immer, wenn es interessant wird, müssen sie weg. Lilo ist unruhig. »Sei vorsichtig, Walter, ich bitte dich«, flüstert sie.

»Reizende Kinder haben Sie«, sagt Herr Willeke, »wirklich reizend. Wie alt sind sie denn?«

»Vierzehn und fünfzehn«, sagt Walter, »wissen Sie, ich möchte Ihnen nämlich gern etwas zeigen…«

»Ich bin leider nicht verheiratet«, sagt Herr Willeke, »ich kann mir keine Familie leisten – bei meinem Beruf, verstehen Sie, immer unterwegs…«

»Ich möchte Ihnen nämlich gern zeigen…«

»Ich weiß, ich weiß!« Herr Willeke stellt einen Terrassenstuhl in die Sonne und nimmt Platz. »Ach, ist das schön hier draußen! So einen hübschen kleinen Garten habe ich mir immer gewünscht! Ich weiß, lieber Herr Gottschalk, ich weiß. Sie wollen mir den Rasensprenger Ihres Nachbarn Köhler zeigen.«

Zum dritten Mal an diesem Sonntagmorgen ist Walter sprachlos.

Fortsetzung folgt

»Sei vorsichtig, Walter, ich bitte dich«, flüstert sie.

Die neuen Autos von Nissan, Opel und Peugeot im Test gegen Volkswagen. Sind sie so gut wie der Polo?

Mini ist wieder in Mode

Typ	VW Polo	Opel Corsa	Peugeot 205 GR	Nissan Micra
Preis (inkl. MwSt.) DM	13.060,–	13.215,–	13.500,–	10.795,–
Steuer	158,40	144,–	172,80	144,–
Motorleistung kW (PS)	37 (50)	40 (54)	37 (50)	40 (54)
Höchstgeschw. km/h	147	153	144	143
Verbrauch l/100 km*	N 8,6	S 7,6	S 6,9	S 6,8
Gewicht kg	745	770	810	690
Länge m	3,65	3,62	3,70	3,64
Kofferraum (Liter)	500	495	515	470
Versicherung/Jahr**	1008,–	1019,–	1013,–	1013,–
Kosten pro Monat DM***	428,–	415,–	425,–	401,–

* S = Superbenzin, N = Normalbenzin ** im Durchschnitt *** alle Kosten (Versicherung, Steuer, Benzin, Reparaturen) bei 15.000 km pro Jahr.

klein   teuer   leicht   niedrig   billig   hoch   stark   wenig   schwach   viel   groß   schnell   langsam   preiswert

Superlativ

ist am   höchsten

hat den höchsten Verbrauch
die höchste Geschwindigkeit
das höchste Gewicht

die höchsten Kosten

4.1a), b), c)

Komparativ

ist   schwächer   als

hat einen schwächeren Motor   als
eine höhere Leistung   als
ein niedrigeres Gewicht als

-   niedrigere Kosten   als

1. Welches Auto hat . . .? Welches ist am . . .?

Der Peugeot ist am längsten.
Der Micra hat die niedrigsten Kosten pro Monat.
Der Corsa hat die höchste Geschwindigkeit.
Der Polo hat den höchsten Benzinverbrauch.
Der Peugeot ist . . .

2. Vergleichen Sie die Vor- und Nachteile der Autos.

O Der Peugeot hat einen schwächeren Motor als der Micra.
☐ Richtig, aber dafür hat er einen größeren Kofferraum und ist doch so schnell wie der Micra.
O Richtig, aber der Micra hat/ist . . .
☐ . . .

3. Bist du zufrieden?

O Sag mal, du hast dir doch einen Corsa gekauft. Bist du zufrieden?
☐ Ach ja. Er braucht aber mehr Benzin, als man mir gesagt hat.

Er	ist aber langsamer,	als	im Prospekt steht.
	braucht wirklich genauso viel Benzin,	wie	ich geglaubt habe.
	ist wirklich genauso schnell,		. . .

Ärger mit dem Auto

1. Was ist hier kaputt? Was fehlt?

Motor – Benzin – Bremse – Öl – Spiegel – Reifen – Bremslicht – Fahrlicht

A – Der/Die/Das . . . kaputt/funktioniert nicht.

B – Der/Die/Das . . . fehlt. Das Auto braucht . . .

2. Kann man noch weiterfahren? Muß man das Auto abschleppen?

> Wenn der Tank leer ist, muß man Benzin holen.

> Wenn die Bremse nicht funktioniert, kann...

> Wenn . . .

> Wenn der Motor kaputt ist, kann man nicht mehr weiterfahren.

3. Was ist passiert?

A. Hören Sie die drei Texte.

B. Welche Sätze sind richtig?

a) ☐ Ein Auto hat eine Panne.
☐ Hier ist ein Unfall passiert.
☐ Der Unfallwagen kommt.
☐ Der Mechaniker kommt

b) ☐ Karl braucht Benzin
☐ Karl braucht Öl.
☐ Karl muß zur Tankstelle gehen.

c) ☐ Das Fahrlicht funktioniert nicht.
☐ Die Bremsen funktionieren nicht.
☐ Die Scheibenwischer funktionieren nicht.
☐ Das Bremslicht funktioniert nicht.

○ Ich bringe Ihnen den Wagen. Mein Name ist Wegener. Ich habe für heute einen Termin.

▢ Richtig, Herr Wegener. Was ist denn kaputt?

○ Der Motor verliert Öl, und die Bremsen ziehen nach links.

▢ Sonst noch etwas?

○ Ja, das Bremslicht hinten links geht nicht. Kann ich den Wagen heute nachmittag abholen?

▢ Wahrscheinlich ja, wenn die Reparatur am Motor nicht zu schwierig ist.

Ich brauche ihn aber dringend. Man hat mir gesagt, er ist heute nachmittag fertig.

▢ . . .

Können Sie mich anrufen, wenn der Wagen fertig ist?

▢ . . .

Ich bringe Ihnen mein Auto.
Ich heiße . . . und habe mich für heute angemeldet.

Stimmt,	Frau . . .
Ich erinnere mich,	Herr . . .
Was	ist denn los?
	sollen wir denn machen?

Der Motor	braucht zu viel Benzin.
	läuft / zieht nicht richtig.
Die Handbremse	geht nicht.
Das Fahrlicht vorne rechts / links	

Die linke Tür kann man nicht mehr aufmachen.
Die Bremslichter sind immer an.

Alles?
Gibt es noch was?
Noch etwas?
Und sonst noch?

Ja,	die Bremse / der Motor . . .
	bitte tanken / waschen Sie den Wagen.
Nein, das ist alles.	

Ist das Auto	heute	früh	fertig?
	morgen	mittag	
	. . .	. . .	

Ich glaube ja, wenn die Reparatur am / an der . . .	
nicht	zu schwer ist
	zu lange dauert.
	zuviel Zeit kostet.

Eugen Rieg Mering

DATSUN NISSAN

Herrn
Walter Wegener
Enzianstraße 38
8902 Friedberg

Münchener Straße 66
8905 Mering
Telefon (08233) 9786
Bankverbindungen:
Fuggerbank Kto.-Nr. 0040055055 Rep.
Bayer. Vereinsbank Kto.-Nr. 8701270

RECHNUNG 1473   vom 14.04.1984

Arbeitslohn:	
Handbremse repariert	74,50
Motor repariert	67,80
Bremsbeläge (2 Stück) gewechselt	132,17
Bremsen eingestellt	18,60
Material:	
Bremsbeläge (2 Stück)	103,72
Handbremsseil	26,94
	423,73
Summe	
14% Mehrwertsteuer	59,32
	483,05
Betrag	======

Herr Wegener holt sein Auto ab. Die Werkstatt sollte nur die Bremsen reparieren, aber nicht die Handbremse. Herr Wegener ärgert sich, denn diese Reparatur hat 74,50 DM extra gekostet, und beschwert sich deshalb.

○ Sie sollten doch nur die Bremsen reparieren, aber nicht die Handbremse.
   Das können Sie doch nicht machen!
□ Aber die Handbremse hat nicht funktioniert.
   Das ist doch gefährlich.
○ Das ist doch nicht gefährlich! . . .
□ . . .

1. Schreiben Sie den Dialog weiter und spielen Sie ihn dann.

Sie können folgende Sätze verwenden:

Das	können Sie mit mir nicht machen! dürfen Sie nicht so einfach! geht doch nicht!	Das	glaube ich nicht. überzeugt mich nicht. ist doch Unsinn!
Das	interessiert mich nicht! ist mir egal!		Ich brauche die Handbremse nie! Die Handbremse ist doch unwichtig!

Das ist doch gefährlich. Das kostet doch nicht viel, und sie fahren sicherer. Mit einer kaputten Handbremse darf man nicht fahren.	Sicher, Das stimmt, Sie haben recht, Das tut mir leid, Das ist richtig,	aber . . .	Da haben Sie recht. Das habe ich nicht gewußt. Was machen wir jetzt? Das tut mir leid. Verzeihung.

2. Sie können auch Dialoge zu folgenden Situationen spielen:

A. Sie wollten für Ihr Auto nur einen neuen Reifen, aber die Werkstatt hat zwei montiert.
B. An einer Tankstelle. Sie wollten nur für 20 DM tanken, aber der Tankwart hat den Tank voll gemacht.

B2

 **Vom Blech zum Auto**
Autoproduktion bei Volkswagen in Wolfsburg

Wir fahren für VW und Audi.

Sehr früh morgens werden Montageteile und Material mit Zügen und Lastwagen nach Wolfsburg gebracht. Das Blech für die Autokarosserien kommt mit der Bahn.

Jetzt werden die Karosserien lackiert. Jede Karosserie wird mehrere Male gespritzt. So wird sie gegen Rost geschützt.

Zuerst wird das Blech automatisch geschnitten, dann werden daraus die Karosserieteile gepreßt: Dächer, Böden, Seitenteile usw.

Dann wird das Auto fertig montiert: Motor, Räder, Sitze usw. Die Autos werden noch einmal geprüft...

Danach werden die Blechteile zusammengeschweißt. Schwere Arbeit wird von Robotern gemacht.

...und dann – von einem eigenen Bahnhof aus – zu den Käufern geschickt.

1. Setzen Sie die Sätze richtig zusammen.

4.2a), b)

Das fertige Auto		von Robotern	geschweißt.
Das Karosserieblech		noch einmal	geprüft.
Motor, Räder und Sitze	wird	gegen Rost	gebracht.
Die Karosserien		mit Zügen und Lastwagen	montiert.
Die fertigen Blechteile	werden	automatisch	geschützt.
Das Material		von Arbeitern	geschnitten.

Roboter prüfen die Teile.
(Aktiv)
Die Teile werden von Robotern geprüft.
(Passiv)

2. Bringen Sie die Sätze in die richtige Reihenfolge.

Machen Sie dann einen kleinen Text daraus.
Beginnen Sie die Sätze mit sehr früh morgens, zuerst, dann, danach, zuletzt, später: Sehr früh morgens wird .... Zuerst wird .... Dann werden ....

3. Ergänzen Sie die Sätze:

Opel in Rüsselsheim. In der Karosserieabteilung werden die Bleche geschnitten.

Hier arbeitet eine komplizierte Maschine. Sie schneidet die Bleche.

Hier werden die Karosserieteile geschweißt. Diese Arbeit wird von Robotern gemacht.

Sie...

In der Montageabteilung werden Motor, Reifen, Lampen und Bremslichter montiert.

Hier arbeitet Sresko Plevac. Er...

Zum Schluß wird das ganze Auto geprüft.

Josef Pfisterer arbeitet schon seit 20 Jahren bei Opel. Er...

Ein Autohaus in Kiel. Hier wird gerade ein Wagen verkauft.

Jan Hinrichsen ist Verkäufer bei Opel. Er...

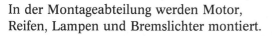

Mein Besen ist besser als alle Autos!

B3

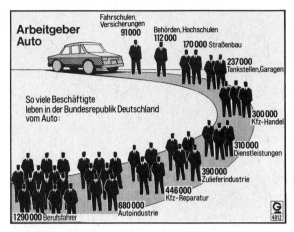

Arbeitgeber Auto

Fahrschulen, Versicherungen 91000

Behörden, Hochschulen 112000

170000 Straßenbau

237000 Tankstellen, Garagen

300000 Kfz-Handel

310000 Dienstleistungen

390000 Zulieferindustrie

446000 Kfz-Reparatur

So viele Beschäftigte leben in der Bundesrepublik Deutschland vom Auto:

1290000 Berufsfahrer

680000 Autoindustrie

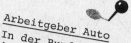

Arbeitgeber Auto

In der Bundesrepublik leben über 4 Millionen Arbeitnehmer vom Auto. Nur 1,8 Millionen arbeiten direkt für das Auto: in den großen Autofabriken, in kleineren Autoteilefabriken, in Tankstellen oder Werkstätten. Die anderen Stellen sind in Büros, Ämtern, Autogeschäften, Autoversicherungen und im Straßenbau.

Wo arbeiten?

in der Prüfabteilung
in + Dativ
(allgemeine Orte, Institutionen, ...)

bei ELO
bei + Namen
(von Firmen, Personen, ...)

1. Zum Beispiel Karl Böge

Karl Böge arbeitet bei „ELO" in Geislingen. Diese Firma produziert Lampen und Elektroteile für Autos. Karl Böge arbeitet in der Prüfabteilung. Dort muß er den ganzen Tag Lampen prüfen. Die Arbeit ist leicht, aber monoton. Er verdient 13,78 DM in der Stunde.

2. Beschreiben Sie die Arbeitsplätze der folgenden Personen.

Name:	Betrieb:	Ort:	Produkt:	Abteilung:	genaue Arbeit:	Qualität der Arbeit:	Stundenlohn:
Kemal Turan	Kopperschmidt	Bielefeld	Werkzeuge für VW	Materialprüfung	Knöpfe drücken	einfach, laut	14,30
Dunja Ninic	Continental	Hannover	Autoreifen	Versand	Adressen kleben	einfach, monoton	7,56
Gerd Polenz	Thyssen	Duisburg	Autobleche	Schweißerei	Bleche schweißen	schwer, gefährlich	14,90
Nino Sabato	VDO	Schwalbach	Autoelektroteile	Versand	Lastwagen fahren	anstrengend, interessant	14,90

Lektion 4
B3

Haushaltsgeld – wofür?

Monatliches Nettoeinkommen von 4-Personen-Arbeitnehmerhaushalten mit mittlerem Einkommen insgesamt: **3 198** DM

davon für:

Auto, Verkehr, Post **374**
Miete **418**
Nahrungsmittel **602** DM
Möbel, Hausrat **237**
Kleidung **234**
Bildung, Unterhaltung **220**
Freiwill. Versicherungen, Beiträge u.a. **170**
Heizung, Strom, Gas **162**
Reisen **126**
Zigaretten, Alkohol u. a. **97**
Körperpflege, Gesundheit **84**
Geschenke **48**
Ersparnis **426**

Lohn-/Gehalts-Abrechnung

Elo + Co. KG
Max-Weber-Str. 16
7340 Geislingen
Tel. (07331) 12689

Nr.   49
Name   Böge, Karl
Zeitraum 1.3. – 31.3.1984

Lohn/Gehalt		
172 Std. à DM 13,78		2370,16
8 Über-Std. à DM 13,78		110,24
Über-Std.-Zuschläge (25 %) (3,45 DM)		27,60
	Brutto-Verdienst	2508,--

Abzüge		
Lohnsteuer (Stkl.: III/1)	261,30	
Kirchensteuer kath.	16,90	
Krankenversicherung	136,68	
Arbeitslosenversicherung	57,68	
Rentenversicherung	231,99	
Gesamt-Abzüge		704,55
	Netto-Verdienst	1803,45

Steuerfreie Zuschläge		
Fahrgeld		36,--
....		
....		
	Auszuzahlender Betrag	1839,45

Errechnet:
Datum 30.3.84
Zeichen *AV*

---

3. Lohn-/Gehaltsabrechnung

Was verdient Herr Böge brutto?
Wieviel zahlt die Firma ELO direkt an Herrn Böge?
Warum bekommt Herr Böge nicht seinen ganzen Lohn?

4. Haushaltsgeld – wofür?

A. Wieviel Geld verdient eine normale Familie (4 Personen) in der Bundesrepublik? Was gibt sie für Essen, Kleidung, Auto usw. aus?

B. Herr Böge ist verheiratet und hat zwei Kinder (7 und 11 Jahre). Verdient er genug?

Chemie: 3,2 Prozent mehr Lohn

Bonn   (dpa/ddp). Die Gespräche zwischen der Gewerkschaft IG Chemie, Papier, Keramik und den Arbeitgebern der chemischen Industrie sind schon nach zwei Tagen zu Ende. Die etwa 660 000 Arbeiter und Angestellten in den Chemie-, Papier- und Keramik-Fabriken sollen 3,2 Prozent mehr Gehalt bekommen. Außerdem müssen Arbeitnehmer über 58 Jahre nächstes Jahr nur noch 36 Stunden pro Woche arbeiten.

Verhandlungen der IG Druck ab Montag

Stuttgart   (dpa). Die Tarifgespräche für die rund 175 000 Arbeitnehmer in der Druckindustrie fangen am nächsten Montag in Mannheim an. Die Gewerkschaft IG Druck und Papier verlangt 6,5 Prozent mehr Lohn und Gehalt. Die Arbeitgeber wollen nur 3 Prozent zahlen.

Bis heute 700 000 Metallarbeiter im Streik

Frankfurt   (AP/dpa). Etwa 21 000 Metallarbeiter haben auch gestern wieder – einen Tag vor den Gesprächen zwischen Arbeitgebern und der Gewerkschaft IG Metall – gestreikt und demonstriert. Seit Ende Februar haben damit insgesamt etwa 700 000 Metallarbeiter in der Bundesrepublik gestreikt. Die IG Metall verlangt 4 Prozent mehr Lohn.

fünfundfünfzig   55

Harry Gerth, 29, verheiratet, ein Kind, ist einer von rund 60 000 Beschäftigten bei VW in Wolfsburg. Vor zehn Jahren wurde der gelernte Metzger in einem Drei-Wochen-Kurs bei VW zum Fließbandarbeiter ausgebildet. Jetzt steht er als CO_2-Schweißer am Hochband in Halle 4, Karosserieabteilung. Hochband heißt: Er arbeitet mit den Händen über seinem Kopf, die Golf-Karosserien laufen an seinen Augen vorbei. Bei 271 Karosserien pro Tag hat Harry Gerth für ein Auto 92 Sekunden Zeit.

Harry ist Wechselschichtarbeiter, das heißt: Er arbeitet eine Woche von 5.30 Uhr bis 14 Uhr und die nächste Woche von 14

Warum ein Schweißer bei VW mit seiner monotonen Fließbandarbeit zufrieden ist

Hauptsache, die Kasse stimmt

Uhr bis 22.30 Uhr. Sein Stundenlohn macht 16,06 DM. Brutto-Monatslohn: 2934,96 Mark. Die 30 Minuten Essenspause pro Tag werden ihm nicht bezahlt. Aber er hat dreimal 16 Minuten bezahlte Pausen.

Nach Tarif hat Harry Gerth im Jahr 28 Tage Urlaub. Das Urlaubsgeld macht 50% von seinem Monatslohn. Als Wechselschichtarbeiter bekommt er alle 40 Monate zehn bezahlte Arbeitstage frei plus 300 Mark Taschengeld. Für jede Überstunde bekommt er zu den 16,06 Mark noch 40% dazu. Im letzten Jahr hat er außerdem ein Weihnachtsgeld von 981 Mark bekommen, und 420 Mark extra, weil VW gut verdient hat. Das ist aber nicht immer so, in Krisenjahren gibt es das nicht.

Der Lohn und die Sozialleistungen halten Harry Gerth bei VW, obwohl seine Arbeit kein Vergnügen ist. »Ich bin jeden Tag froh, wenn ich mit der Arbeit fertig bin; aber ich weiß auch, wieviel ich am Monatsende auf dem Bankkonto habe!« sagt er.

In den meisten Familien arbeiten die Frauen auch mit. »Als wir geheiratet haben, war das in den ersten vier Jahren auch so. Wir haben Winter- und Sommerurlaub gemacht, 20 000 DM gespart, den teuren Scirocco gekauft (wie jeder VW-Arbeiter bekommt er ein Auto zwischen 16 und 19% billiger); und wir haben uns für etwa 35 000 Mark Möbel gekauft.«

Seine Wohnung ist eine der Fabrikwohnungen von VW, die an die Arbeiter und Angestellten günstig vermietet werden: 78 qm groß, drei Zimmer, WC für Gäste extra, 444,30 DM Miete ohne Nebenkosten. Im Wohnzimmer: ein »Supercolor«-Fernseher.

Hat er Angst vor Rationalisie-

rung? »Wenn ich morgen an einen anderen Arbeitsplatz müßte, wo ich weniger verdienen würde, würde ich trotzdem meinen jetzigen Lohn zwei Jahre lang weiter bekommen.« Er würde also nicht entlassen. Das steht im Tarif von IG Metall für VW-Arbeiter.

Hat er keine Karrierechancen? »Die Chance hatte ich vor ein paar Jahren. Da konnte ich Vorarbeiter werden.« Als Vorarbeiter hat man Vorteile: man kommt raus aus der Produktion, raus aus der Monotonie, und man bekommt mehr Geld. Harry Gerth wollte aber nicht. »Ich bin in der Gewerkschaft. Als Betriebsrat kann ich für meine Kollegen sprechen. Aber als Vorarbeiter wäre ich auf der anderen Seite. Ich kann doch nicht erst für einen Kollegen sprechen und später gegen ihn. Das wäre nichts für mich.« *Edith Hahn*

1. Welcher Satz paßt zu welcher Überschrift?

a) Der Arbeitsplatz und die Arbeit von Harry Gerth
b) Arbeitszeit und Verdienst
c) Gewerkschaft und Karrierechancen

☐ Harry Gerth ist Schweißer bei VW in Wolfsburg.
☐ Als Betriebsrat kann er für seine Kollegen sprechen.
☐ Er verdient 2934,96 DM im Monat.
☐ Das wollte er aber nicht.
☐ Das ist eine anstrengende Arbeit, weil er mit seinen Händen immer über dem Kopf arbeiten muß.
☐ Harry Gerth ist meistens 8,5 Stunden in der Fabrik.
☐ Dort steht er am Fließband und schweißt Karosserien für den Golf.
☐ Diese Gewerkschaft hat einen eigenen Tarifvertrag mit VW.
☐ Er ist Wechselschichtarbeiter.

☐ Das sind 16,06 DM in der Stunde.
☐ Er arbeitet in der Karosserieabteilung.
☐ Das heißt, er geht eine Woche morgens, die nächste Woche abends zur Arbeit.
☐ Harry Gerth ist in der IG Metall.
☐ Manchmal muß er auch Überstunden machen.
☐ Vor ein paar Jahren konnte er Vorarbeiter werden.
☐ Er ist zufrieden, obwohl diese Arbeit monoton ist.
☐ Dann würde er jetzt mehr verdienen.
☐ Dann bekommt er 40% mehr Stundenlohn.
☐ Dann würde er nicht mehr für die Arbeiter sprechen können.

2. Machen Sie drei Texte.

Bringen Sie die Sätze zu a), b) und c) in eine Reihenfolge. Sie haben dann drei kleine Texte.

Einige Wörter sind besonders wichtig für die Verbindung mit dem Satz vorher. Unterstreichen Sie diese Wörter.

3. Berichten Sie.

Welche Sozialleistungen bietet VW? Warum arbeitet Frau Gerth auch?

4. Machen Sie ein Rollenspiel mit Ihrem Nachbarn.

Ihr Nachbar ist Harry Gerth (oder eine Person von Seite 54). Sprechen Sie über den Arbeitsplatz.
Sie möchten z. B. wissen:
Wo arbeitet er/sie?
In welcher Abteilung?
Was macht er/sie dort genau?
Wie gefällt ihm/ihr die Arbeit?
Verdient er/sie genug?
Wie lange arbeitet er/sie schon dort?
Möchte er/sie vielleicht lieber eine andere Arbeit machen?
Hat er/sie einen sicheren Arbeitsplatz?

Ich habe einen sicheren Arbeitsplatz.

C Die Gefährlichkeit der Rasensprenger (4)

»Woher...?« stammelt Walter, »woher...?«

»Woher ich das weiß?« Herr Willeke muß lachen. »Aber mein lieber Freund – ich habe mich natürlich informiert. Information, mein Lieber, ist das halbe Leben. Ohne Information hätte ich in meinem Beruf keine Chance.«

»So«, sagt Walter, »und wo haben Sie sich informiert, wenn ich fragen darf?«

Dieses Mal ist Herr Willeke überrascht.

»Aber mein lieber Herr Gottschalk – Informationen kann man heute kaufen, das wissen Sie doch!«

Walter schweigt.

»Kurz und gut«, sagt Herr Willeke, »Ihr Nachbar Köhler hat seit gestern einen Rasensprenger vom Typ Helios. Reichweite sieben Meter. Nominalleistung acht Kilowatt, Infrarot-Empfindlichkeit und Digitalzündung.«

»Was haben Sie da gesagt?« Walter wird unruhig. »Reichweite – sieben Meter?«

»Genau sieben Komma fünf«, sagt Herr Willeke. »Das heißt ja...«

»Allerdings!« Herr Willeke nickt ernst.

»Und was... was kann ich dagegen tun?«

Herr Willeke lächelt. »Das erste und wichtigste, mein lieber Herr Gottschalk, haben Sie schon getan: Sie fragen mich um Rat. Wenn Ihnen jemand einen Rat geben kann, dann ich, der Vertreter der Firma Maßmann & Co.«

Herr Willeke öffnet seinen Aktenkoffer, nimmt einen bunten Prospekt heraus.

»Saturn«, sagt er, »das Spitzenmodell der Firma Maßmann & Co. Zwölf Kilowatt Leistung, fünfzehn Meter Reichweite, Fernbedienung und vor allem...« Herr Willeke macht eine kleine Pause »...mit dem ultramodernen AAR-Effekt.«

»Mit dem ultramodernen...was?«

»Dem automatischen Anti-Reaktions-Effekt!«

Walter versteht kein Wort. Herr Willeke lächelt freundlich. »Ich erkläre es Ihnen«, sagt er, »dafür bin ich schließlich hier. Saturn reagiert automatisch auf fremde Rasensprenger. Mit anderen Worten: wenn Herr Köhler seinen Rasensprenger anmacht, dann schaltet sich Saturn ebenfalls ein – und zwar automatisch und mit sehr viel mehr Energie.«

»Ich verstehe«, sagt Walter leise. »Das ist natürlich sehr interessant. Aber ich weiß nicht... ich meine, das kostet doch sicher viel Geld?«

In diesem Augenblick klingelt es wieder an der Tür. Walter will hochspringen.

»Keine Aufregung, Herr Gottschalk«, sagt Herr Willeke, »das ist nur Herr Buschfort.«

»Aha«, sagt Walter, »das ist nur Herr Buschfort.«

»Von der Bank Künzel & Künzel«, sagt Herr Willeke. »Wir arbeiten mit der Bank Künzel & Künzel schon seit Jahren zusammen. Herr Buschfort kennt Ihre finanzielle Situation, und ich bin sicher: er findet auch für Sie eine Lösung.«

Fortsetzung folgt

»Ich erkläre es Ihnen«, sagt er, »dafür bin ich schließlich hier...«

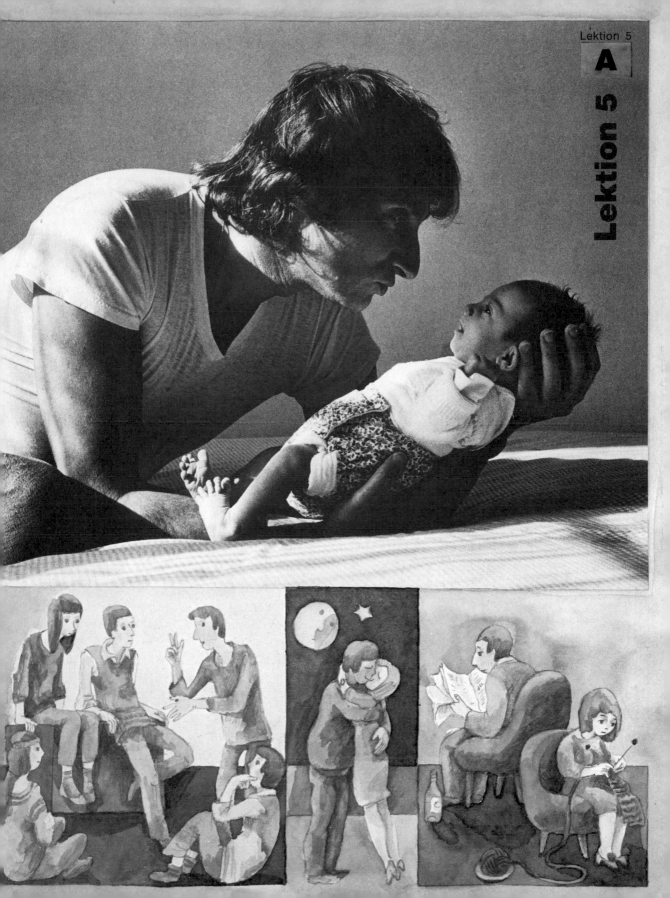

B1

1

Die beste Lösung für Barbara

Er findet mich zu dick – ich versuche abzunehmen.

Er mag keine Zigaretten – ich versuche, weniger zu rauchen.

Er findet mich zu nervös – ich versuche, ruhiger zu sein.

Er liebt Pünktlichkeit – ich versuche, pünktlicher zu sein.

Er findet mich langweilig – ich versuche, aktiver zu sein.

Er findet mich unfreundlich – ich versuche, netter zu sein.

Er sagt, ich arbeite zuviel – ich versuche, weniger zu arbeiten.

Er will mich ganz anders – ich versuche, einen anderen Mann zu finden.

 1. Was macht Barbara?

5.1.

Barbaras Mann sagt:

„Du ißt zuviel."
„Ich mag nicht, wenn Frauen rauchen."
„Du bist zu unruhig."
„Du kommst schon wieder zu spät."
„Andere Frauen sind aktiver."
„Warum lachst du nie?"
„Du kommst immer so spät aus dem Büro."
„Dein Essen schmeckt nicht."

Was macht Barbara?

Sie versucht, weniger zu essen.
Sie versucht, . . .

Ich bin, wie ich bin!

2. Was gefällt Ihnen bei anderen Leuten? Was gefällt Ihnen nicht?

Mir gefallen lustige Menschen am besten.

Ich mag gern, wenn jemand gemütlich ist.

Unhöfliche Leute kann ich nicht leiden.

Mir gefällt nicht, wenn jemand viel redet.

tanzen können   Kinder mögen   viel reden   Humor haben

zuviel trinken   sich aufregen über   . . .   Tiere mögen

aggressiv   . . .   laut   freundlich   pünktlich   langweilig

lustig   dick   gemütlich   . . .   natürlich   unhöflich

Ich mag Leute, wenn sie mich mögen!

3. Was gefällt Ihnen an den folgenden Personen? Was gefällt Ihnen nicht?

Also, ich habe eine Kollegin, die versucht immer, mich zu ärgern.

Mein Bruder ist eigentlich ganz nett, aber er hat nie Lust, mir zu helfen.

5.1.

Mein Meine	Kollege Kollegin Chef(in) Nachbar(in) Freund(in) Schwester Bruder	vergißt versucht . . . hat hilft mir	immer, meistens, oft, manchmal . . ., selten nie . . . nie, selten, . . .,	Lust, Zeit,	mir mich sich sich mit mir mit mir essen / tanzen eine Pause über Politik die Wohnung . . .	zu helfen / zu reden / zu ärgern / zu entschuldigen / zu unterhalten / anzurufen / zu gehen / einzuladen / zu flirten / zu machen / zu kritisieren / . . . aufzuräumen.

1. Ingrid und Peter

A. Hören Sie den Dialog.

B. Was ist richtig?

a) Ingrid ärgert sich,
   ☐ weil Peter zu spät zum Essen kommt.
   ☐ weil Peter schon gegessen hat.
   ☐ weil Peter nicht mit ihr essen will.

b) Peter kommt zu spät,
   ☐ weil er mit einem Kollegen gegessen hat.
   ☐ weil er noch arbeiten mußte.
   ☐ weil er noch telefonieren mußte.

c) ☐ Peter konnte Ingrid nicht anrufen.
   ☐ Peter hat vergessen, Ingrid anzurufen.
   ☐ Peter hat kein Telefon im Büro.

d) Ingrid sagt:
   ☐ „Du telefonierst nie mit mir."
   ☐ „Du vergißt immer, mich anzurufen."
   ☐ „Du rufst immer zu spät an."

2. Ingrid und Peter haben Probleme. Sie gehen zu einem Eheberater.

A. Was kritisiert Peter an Ingrid? Was kritisiert Ingrid an Peter?

B. Wenn Sie möchten, spielen Sie das Gespräch als Rollenspiel.

FRAGEN SIE IHREN EHE-BERATER

Sie hilft mir nie, das Auto zu waschen.

Er hat nie Zeit, mit mir ins Kino zu gehen.

Er/Sie vergißt... hilft... versucht... hat Angst... hat nie Lust... hat nie Zeit... hat nicht gelernt ...

mir alles erzählen   Frühstück machen
ins Kino gehen   in der Küche helfen
   Kinder in den Kindergarten bringen
die Wohnung aufräumen   sich duschen
das Auto waschen   meine Eltern einladen
den Fernseher anmachen   Geld sparen
mich küssen   den Fernseher ausmachen
mich morgens   Hosen in den
wecken   Schrank hängen   ...

Erst mal leben – Kinder später

Junge Paare heute:

THEMA DES TAGES

Wenn junge Leute heute heiraten, wollen viele in den ersten Jahren frei sein, reisen und das Leben genießen.
Andere sparen für ein Haus, eine Wohnung, Möbel oder ein Auto. Kinder sollen erst später oder überhaupt nicht kommen.

Eine Untersuchung der Universität Bielefeld hat gezeigt:

– 10 Prozent der jungen Ehepaare wollen gleich nach der Heirat Kinder.

– 30 Prozent meinen, daß Kühlschrank, Fernseher und Auto am

Anfang genauso wichtig sind wie Kinder.
– 60 Prozent finden, daß Anschaffungen wie Kühlschrank, Waschmaschine usw. während der ersten Ehejahre wichtiger sind. Nach einigen Jahren möchte man auch Kinder haben.

Hier sind einige Beispiele von Interviews aus der Untersuchung.

A. Hören Sie zu.   B. Ergänzen Sie dann die Sätze.

a)
Toni (27) und Carola (25) Sauer, Bäcker/Friseuse, Ludwigshafen

c)
Klaus-Dieter (26) und Elke (24) Sören, Arbeiter/Angestellte, Hamburg

Carola meint, daß ein Ehepaar keine _____ haben muß. Sie meint, daß _____ genauso wichtig sind wie _____ . Sie hat Angst, daß Kinder sie nur _____ würden.

Elke und ihr Mann wollen jetzt noch kein Baby, obwohl sie _____ lieben. Elke will weiter arbeiten, weil ihr Mann _____ verdient. Sie meint, daß sie noch _____ brauchen.

b)
Walter (24) und Gabriele (27) Strab, Angestellter/Studentin, Berlin

d)
Dieter (28) und Sabine (27) Oelmann, Programmierer/Sekretärin, Essen

Walter hofft, daß er und seine Frau bald _____ finden. Er meint, daß man mit einem Kind nicht _____ leben kann. Außerdem möchte er nicht, daß seine Frau aufhört zu _____ .

Sabine sagt, daß sie sofort _____ haben will. Sie meint, daß _____ für Kinder besser sind.

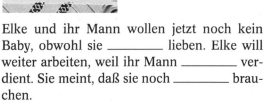

dreiundsechzig   63

B2

2

WIR HABEN GEHEIRATET
Helmut Schwarz
Burglind Schwarz
geb. Marquardt

Bielefeld 11, Am Stadion 20, 31. März 1983
z.Z. auf Reisen

WIR VERLOBEN UNS

Carola Sczogalla
Franziskusweg 1
4815 Schloß Holte-Stukenbrock

Wolf Michael Puth
Engelbert-Kämpfer-Straße 4
4920 Lemgo
Ostern 1983

○ Sag mal, stimmt es, daß Burglind geheiratet hat?
□ Ja, das habe ich auch gehört.
○ Und – ist er nett?
□ Ich weiß nur, daß er Helmut heißt.
○ Kennt sie ihn schon lange?
□ Sie hat ihn im Urlaub kennengelernt, glaube ich.

1. Spielen Sie die Dialoge.

5.2.

a) Burglind hat geheiratet. Ihr Mann heißt Helmut. Sie hat ihn im Urlaub kennengelernt.
b) Giorgio hat eine neue Freundin. Sie ist Italienerin. Er kennt sie aus dem Deutschkurs.
c) Carola hat sich verlobt. Ihr Verlobter heißt Wolf-Michael. Sie kennt ihn aus der Diskothek.
d) Oliver hat geheiratet. Seine Frau ist Packerin. Er kennt sie aus der Fabrik.
e) Herr Krischer hat sich verlobt. Seine Verlobte heißt Maria. Er kennt sie aus der Universität.
f) Ina hat einen neuen Freund. Er ist Ingenieur. Sie kennt ihn aus der U-Bahn.

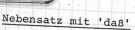

```
Nebensatz mit 'daß'
Stimmt es,
daß      Burglind geheiratet hat?
     Hat Burglind geheiratet?
```

Ich glaube, daß die Liebe in der Ehe nicht das Wichtigste ist.
Ich bin dagegen, daß eine Ehefrau arbeiten geht.
Ich glaube, daß die Ehe die Liebe tötet.
Ich bin der Meinung, daß die Frauen alle nur heiraten wollen.
Ich bin überzeugt, daß Kinder eine Ehe glücklicher machen.
Ich bin sicher, daß die Ehe in 50 Jahren tot ist.
Ich finde, daß man schon sehr jung heiraten soll.

2. Was meinen Sie dazu?

Das ist nicht ganz falsch.   Das ist doch Unsinn!   Na ja, ich weiß nicht.

Sicher, aber ...   Ich bin dafür, daß ..,   ...

»So ist es jeden Abend«

Im Sommer ist es schön, weil wir dann abends in den Garten gehen. Dann grillen wir immer, und mein Vater macht ganz tolle Salate und Saucen.

Nicola, 9 Jahre

Bei uns möchte jeder abends etwas anderes. Ich möchte mit meinen Eltern spielen, meine Mutter möchte sich mit meinem Vater unterhalten, und mein Vater will die Nachrichten sehen. Deshalb gibt es immer Streit.

Holger, 11 Jahre

Bei uns ist es abends immer sehr gemütlich. Meine Mutter macht ein schönes Abendessen, und mein Vater und ich gehen mit dem Hund spazieren. Nach dem Essen darf ich noch eine halbe Stunde aufbleiben.

Petra, 9 Jahre

Meine Mutter möchte abends manchmal weggehen, ins Kino oder so, aber mein Vater ist immer müde. Oft weint meine Mutter dann, und mein Vater sagt: »Habe ich bei der Arbeit nicht genug Ärger?«

Frank, 10 Jahre

Bei uns gibt es abends immer Streit. Mein Vater kontrolliert meine Hausaufgaben und regt sich über meine Fehler auf. Meine Mutter schimpft über die Unordnung im Kinderzimmer. Dann gibt es Streit über das Fernsehprogramm. Mein Vater will Politik sehen und meine Mutter einen Spielfilm. So ist das jeden Abend.

Heike, 11 Jahre

Mein Vater will abends immer nur seine Ruhe haben. Wenn wir im Kinderzimmer zu laut sind, sagt er immer: »Entweder seid ihr still oder ihr geht gleich ins Bett!«

Susi, 8 Jahre

Ich möchte abends gern mit meinen Eltern spielen. Mutter sagt dann immer: »Ich muß noch aufräumen« oder »Ich fühle mich nicht wohl«. Und Vater will fernsehen.

Sven-Oliver, 8 Jahre

Wenn mein Vater abends um sieben Uhr nach Hause kommt, ist er ganz kaputt. Nach dem Essen holt er sich eine Flasche Bier aus dem Kühlschrank und setzt sich vor den Fernseher. Meine Mutter sagt dann immer: »Warum habe ich dich eigentlich geheiratet?«

Brigitte, 10 Jahre

1. Familienabend

Welche Sätze passen zu welchem Kind (S. 65)? Welche passen nicht?

Der Vater will jeden Abend fernsehen.
Eltern und Großeltern haben Streit.
Abends kommt oft Besuch.
Die Kinder sind abends alleine, weil
die Eltern weggehen.
Die Kinder dürfen abends ihre Freunde
einladen.
Der Vater muß abends lange arbeiten.

Es gibt Streit über das Fernsehen.
Der Abend ist immer sehr gemütlich.
Dem Vater schmeckt das Essen nicht.
Die Kinder müssen entweder ruhig sein, oder
sie müssen ins Bett.
Der Vater bringt Ärger von der Arbeit
nach Hause mit.
Die Eltern hören den Kindern nicht zu,
wenn sie Probleme haben.

2. Was machen die Familien in Ihrem Land abends? Gibt es ähnliche Probleme?

Ich weiß nicht. Jede Familie ist verschieden.

Viele Probleme sind ähnlich.

Bei uns ist abends immer die ganze
Familie zusammen: Großeltern, Tante ...

Die Familie ißt abends sehr lange.

. . .

Der Vater kommt oft sehr spät
nach Hause.

1. Der Ton macht die Musik.

A. Hören Sie die beiden Dialoge a) und b).

B. Wie finden Sie den ‚Ton‘ von Vater und Sohn im ersten und im zweiten Dialog?

a) O Es ist acht Uhr. Bitte geh' ins Bett.
   ☐ Ich bin aber noch nicht müde.
   O Du kannst ja im Bett noch lesen.
   ☐ Also gut. Gute Nacht.

b) O Geh' endlich ins Bett!
   ☐ Ich will aber nicht!
   O Kein Wort mehr!
   ☐ Ich gehe ja schon.

2. Eine andere Situation:

Ein Mann fährt auf der Autobahn sehr schnell, aber seine Frau möchte das nicht.

Hören Sie die Sätze.

a) Mensch, fahr langsamer!
b) Du fährst wie ein Verrückter.
c) Kannst du ein bißchen langsamer fahren?
d) Mußt du immer so schnell fahren?
e) Fahr doch langsamer!
f) Fahr bitte langsamer!

g) Halt den Mund!
h) Sei endlich still!
i) Mußt du mich immer kritisieren?
j) Ich fahre, wie ich will.
k) Ja, wenn du möchtest.
l) Hast du Angst?
m) Entschuldige bitte.
n) Ich fahre doch nicht schnell.

Notieren Sie: Welcher Satz ist freundlich, welcher ist unfreundlich?

a) _____ b) _____ c) _____ d) _____ e), f), . . .

3. Schreiben Sie weitere Minidialoge.

Verwenden Sie die Sätze a) bis n). Spielen Sie die Dialoge.

4. Machen Sie mit Ihrem Nachbarn einen Dialog.

Wählen Sie dazu eine der folgenden Situationen aus und spielen Sie den Dialog dann im Kurs.

a) Sie haben Kopfschmerzen, und Ihr Freund (Ihre Freundin) raucht sehr viel.
b) Ihr Bruder ist zu Besuch. Er telefoniert dauernd mit seinen Freunden. Sie denken an Ihre Telefonrechnung.
c) Ihr Kollege kommt immer zu spät ins Büro, und Sie müssen dann seine Arbeit machen.

Mit 30 hatte sie schon sechs Kinder.
Maria lebt in einem Altersheim. Trotzdem ist sie nicht allein, eine Tochter oder ein Enkelkind ist immer da, ißt mit ihr und bleibt, bis sie im Bett liegt. Maria ist sehr zufrieden – viele alte Leute bekommen nur sehr selten Besuch. Marias Jugendzeit war sehr hart. Eigentlich hatte sie nie richtige Eltern. Als

Maria, 94 Jahre alt, Ururgroßmutter

sie zwei Jahre alt war, starb ihr Vater. Ihre Mutter vergaß ihren Mann nie und dachte mehr an ihn als an ihre Tochter. Maria war deshalb sehr oft allein, aber das konnte sie mit zwei Jahren natürlich noch nicht verstehen. Ihre Mutter starb, als sie 14 Jahre alt war. Maria lebte dann bei ihrem Großvater. Mit 17 Jahren heiratete sie, das war damals normal. Ihr erstes Kind, Adele, bekam sie, als sie 19 war. Mit 30 hatte sie schließlich sechs Kinder.

Sie wurde nur vom Kindermädchen erzogen. Adele lebte als Kind in einem gutbürgerlichen Elternhaus. Wirtschaftliche Sorgen kannte die Familie nicht. Nicht die Eltern, sondern ein Kindermädchen erzog die Kinder. Sie hatten auch einen Privatlehrer. Mit ihren Eltern konnte sich Adele nie richtig unterhalten, sie waren ihr immer etwas

Adele, 75 Jahre alt, Urgroßmutter

fremd. Was sie sagten, mußten die Kinder unbedingt tun. Wenn zum Beispiel die Mutter nachmittags schlief, durften die Kinder nicht laut sein und spielen. Manchmal gab es auch Ohrfeigen. Als sie 15 Jahre alt war, kam Adele in eine Mädchenschule. Dort blieb sie bis zur mittleren Reife. Dann lernte sie Kinderschwester. Aber eigentlich fand sie es nicht so wichtig, einen Beruf zu lernen, denn sie wollte auf jeden Fall lieber heiraten und eine Familie haben. Auf Kinder freute sie sich besonders. Die wollte sie dann aber freier erziehen, als sie selbst erzogen worden war; denn an ihre eigene Kindheit dachte sie schon damals nicht so gern zurück.

Fünf Ge

auf de

So ein Foto gibt es nur noch selten: fünf Generationen auf einem Sofa. Zusammen sind sie 248 Jahre alt: von links Sandra (6), Sandras Großmutter Ingeborg (50), Sandras Urgroßmutter Adele (75), Sandras Ururgroß-

rationen

Ingeborg, 50 Jahre,
Großmutter

Das Wort der Eltern war Gesetz. Ingeborg hatte ein wärmeres und freundlicheres Elternhaus als ihre Mutter Adele. Auch in den Kriegsjahren fühlte sich Ingeborg bei ihren Eltern sehr sicher. Aber trotzdem, auch für sie war das Wort der Eltern Gesetz. Wenn zum Beispiel Besuch im Haus war, dann mußten die Kinder gewöhnlich in ihrem Zimmer bleiben und ganz ruhig sein. Am Tisch durften sie nur dann sprechen, wenn man sie etwas fragte. Die Eltern haben Ingeborg immer den Weg gezeigt. Selbst hat sie nie Wünsche gehabt. Auch in ihrer Ehe war das so. Heute kritisiert sie das. Deshalb versucht sie jetzt, mit 50 Jahren, selbständiger zu sein und mehr an sich selbst zu denken. Aber weil Ingeborg das früher nicht gelernt hat, ist das für sie natürlich nicht leicht.

Ulrike, 23 Jahre alt,
Mutter

Der erste Rebell in der Familie. Ulrike wollte schon früh anders leben als ihre Eltern. Für sie war es nicht mehr normal, immer nur das zu tun, was die Eltern sagten. Noch während der Schulzeit zog sie deshalb zu Hause aus. Ihre Eltern konnten das am Anfang nur schwer verstehen. Mit 17 Jahren bekam sie ein Kind. Das fanden alle viel zu früh. Den Mann wollte sie nicht heiraten. Trotzdem blieb sie mit dem Kind nicht allein. Ihre Mutter, aber auch ihre Großmutter halfen ihr. Beide konnten Ulrike sehr gut verstehen. Denn auch sie wollten in ihrer Jugend eigentlich anders leben als ihre Eltern, konnten es aber nicht.

Sie findet Verwandte langweilig. Sandra wird viel freier erzogen als Maria, Adele, Ingeborg und auch Ulrike. Bei unserem Besuch in der Familie sahen wir das deutlich. Sie mußte nicht ruhig sein, wenn wir uns unterhielten; und als sie sich langweilte und uns störte, lachten die Erwachsenen, und sie durfte im Zimmer bleiben. Früher wäre das unmöglich gewesen.

Sofa

mutter Maria (94) und Sandras Mutter Ulrike (23).
Zwischen der Ururgroßmutter und der Ururenkelin liegen 88 Jahre. In dieser langen Zeit ist vieles anders geworden, auch die Familie und die Erziehung.

1. Maria, Adele, Ingeborg, Ulrike, Sandra

Die fünf Frauen lebten in verschiedenen Zeiten; ihre Erziehung und Jugendzeit waren deshalb auch verschieden. Was meinen Sie, welche Sätze passen wohl zur Jugendzeit von Maria, Adele, Ingeborg, Ulrike und Sandra? Diskutieren Sie die Antworten.

a) Die Kinder machen, was die Eltern sagen.
b) Die Kinder sollen selbständig und kritisch sein.
c) Die Kinder wollen anders leben als ihre Eltern.
d) Die Familien haben viele Kinder.
e) Eltern und Kinder sind Partner.
f) Frauen müssen verheiratet sein, wenn sie ein Kind wollen.
g) Die Wünsche der Kinder sind unwichtig.
h) Der Vater arbeitet, und die Mutter ist zu Hause.
i) Man hat gewöhnlich nur ein oder zwei Kinder.
j) Frauen heiraten sehr jung.
k) Frauen wollen lieber heiraten als einen Beruf haben.

2. Damals und heute: Großvater und Enkel

5.3a), b)

A. So lebte Heinrich Droste damals.

Heinrich Droste
Tischlermeister
geb. 2. 11. 1884
gest. 30. 3. 1938
(Großvater von
Detlev Droste)

Heinrich Droste war selbständiger Handwerker. Er lebte in einem Dorf in Westfalen. Heinrich Droste wohnte in seinem eigenen Haus. Das war klein, aber es gehörte ihm. Seine Kunden kannte er persönlich. Er arbeitete allein. Er stand jeden Morgen um fünf Uhr auf. In die Werkstatt ging er um sechs Uhr, und um sieben kam er nach Hause. Seine Frau ging nicht arbeiten. Die Kinder erzog sie fast allein. Der älteste Sohn durfte nur die Hauptschule (damals hieß sie noch Volksschule) besuchen. Er wurde auch Tischler.

Heute
(Präsens)
Er ist ...
Er wohnt ...
Er geht ...

Früher
(Präteritum)
Er war ...
Er wohnte ...
Er ging ...

Heinrich Droste bekam keinen Urlaub und keine Sozialleistungen. Er verdiente höchstens 450 Mark im Monat, in schlechten Zeiten weniger.

B. Wie lebt sein Enkel Detlev heute? Erzählen Sie.

Detlev Droste
Exportkaufmann
geb. 23. 4. 1949

Angestellter in einem großen Betrieb
Stadt im Ruhrgebiet, große Mietwohnung
kein direkter Kundenkontakt
mit zwei Kollegen im Büro
Arbeitszeit von 8.30 bis 16.00 Uhr
Frau Verkäuferin
Kinder oft bei Großeltern
Tochter Gymnasium
30 Tage Urlaub, Monatslohn 2.800,– DM

3. Jeder hat vier Urgroßväter

a) Der Vater der Mutter meiner Mutter ist mein Urgroßvater.
Der Vater der Mutter meines Vaters ist mein Urgroßvater.
Der Vater des Vaters meines Vaters ist mein Urgroßvater.
Der Vater des Vaters meiner Mutter ist mein Urgroßvater.

b) Und die Urgroßmütter? 5.4.
Die Mutter der . . .
Die Mutter des . . .
. . .

4. Machen Sie ein Fragespiel im Kurs.

5.4.
5.5.

Der Mann der Schwester meiner Mutter: Wer ist das?

Das ist dein Onkel.

Die Frau des Vaters meiner... Die Tochter der...

Das ist...

Onkel – Tante   Neffe – Nichte   Enkel – Enkelin
Cousin – Cousine   Sohn – Tochter   Bruder – Schwester   Schwager – Schwägerin

5. Wie war Ihre Jugend und Ihre Erziehung? Erzählen Sie.

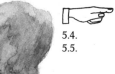

Genitiv
der Onkel des Vaters/der Mutter/ des Kindes/der Kinder

Sie können folgende Wörter und Sätze verwenden:

5.3.

Ich	mußte durfte sollte konnte	selten nie oft manchmal meistens jeden Tag immer gewöhnlich regelmäßig	. . .	Ich habe	immer oft nie selten . . .	Lust / Zeit / Angst gehabt versucht vergessen	. . . zu . . .
				Mein Vater / Bruder Meine Mutter / Schwester	war hat	nie oft . . .	. . .

Ich habe mich Meine Eltern haben Mein Vater hat Meine Mutter hat	sich	immer selten oft . . .	über für . . .	. . .	geärgert. gefreut. interessiert. aufgeregt. . . .

aufpassen auf, anziehen, aufstehen, einkaufen, essen, schlafen gehen, fragen, lügen, stören, bleiben, tragen, sich unterhalten, verbieten, bleiben, kritisieren, singen, arbeiten, aufräumen, ausgeben, bekommen, mitgehen, putzen, studieren, rauchen, spielen, tanzen, helfen, kochen, spazierengehen, Sport treiben machen, fernsehen, schwimmen, weggehen, telefonieren, mitkommen

Die Gefährlichkeit der Rasensprenger (5)

Es zeigte sich, daß Herr Buschfort von der Bank Künzel & Künzel sehr gut informiert war. Er wußte,
– daß Walter als Sachbearbeiter bei der Abraham-Versicherungsgesellschaft im Monat 4518 Mark brutto verdiente;
– daß davon 1047 Mark für Steuern und Versicherungen weggingen;
– daß er die 150 000-Mark-Hypothek für seine Doppelhaushälfte mit monatlich 1624 Mark abbezahlte;
– und daß der Familie etwa 1800 Mark monatlich zum Leben blieb.
Herr Buschfort mußte also gar nicht nach einer Lösung suchen: er hatte schon eine. Der Kaufvertrag über einen Rasensprenger, Modell Saturn, war schon fertig, Walter mußte nur noch unterschreiben.
»Monatlich 80 Mark«, sagte Herr Willeke, »und ein Jahr Garantie, das merken Sie gar nicht. Wenn Sie bitte hier Ihre Kontonummer schreiben…«
Walter zögerte.
»Ich kann verstehen«, sagte Herr Willeke und lächelte wieder, »daß Sie gern noch ein wenig nachdenken möchten. Nur, wenn ich Ihnen etwas im Vertrauen sagen darf…« er machte eine kleine Pause »…unser Modell Saturn hat einen großen Erfolg. Ich bin sicher, daß er schon sehr bald dreißig Prozent mehr kostet. Sie sehen – ich handle eigentlich gegen die Interessen meiner Firma.«
Walter unterschrieb.
Die Arbeiter kamen nicht am Dienstag, sondern erst am Donnerstag. Gegen 7 Uhr abends kam Walter aus dem Büro nach Hause. Lilo hatte Tränen in den Augen.
»Sieh dir das an!« rief sie, »alles ist schmutzig. Die Mauer haben sie kaputt gemacht, weil auf der Terrasse keine Steckdose war. Und dann haben sie den ganzen Rasen kaputt gemacht…!«
Walter hörte gar nicht zu. Er lief gleich in den Garten. Und da stand er, der Rasensprenger Saturn, das Spitzenmodell der Firma Maßmann & Co. Andy war begeistert.
»Ein tolles Ding, was Papa!«
»Ja«, sagte Walter, »der sieht schon besser aus als Helios. Siehst du hier diese kleinen Antennen? Das ist das Anti-Reaktions-System, verstehst du!«
»Wahnsinn!« sagte Andy, »echt! Glaubst du, daß die Köhlers ihn schon gesehen haben?«
»Da bin ich sicher.« Walter lächelte zufrieden.
Am Abend studierte Walter die Betriebsanleitung. Er vergaß dabei sogar die Tagesschau, ging erst um Mitternacht ins Bett und träumte von einem riesigen Rasensprenger, so groß wie ein Hochhaus.
In dieser Woche passierte nichts mehr. Lilo beruhigte sich, und auch Oma gewöhnte sich schließlich an Saturn, obwohl sie ihn sehr häßlich fand.
Doch zehn Tage später, am 28. Mai, wieder an einem Sonntag, kam die Katastrophe.

Fortsetzung folgt

»Sieh dir das an!« rief sie…

1. Beschreiben Sie die Bilder.

Wo können diese Landschaften vielleicht sein? Wie ist das Klima dort?
Benutzen Sie die folgenden Wörter:

Grad °C

40 heiß

30

20 warm

10

kühl

0

−5
−10
−15 kalt

Regen
es regnet

Sonne
die Sonne
scheint

Nebel

Baum

Pflanze

Wind

Schnee
es schneit

trocken
feucht
naß

Boden

Eis

2. Welche Sätze passen zu welchen Bildern?

a) In Sibirien ist es extrem kalt.

b) Für Menschen ist es sehr ungesund, aber ideal für viele Tiere und Pflanzen.

c) Es gibt plötzlich sehr starke Winde und gleichzeitig viel Regen.

d) Die Temperaturunterschiede zwischen Sommer und Winter sind nicht sehr groß.

e) In der Wüste ist es sehr heiß und trocken.

f) Der Golf von Biskaya ist ganz selten ruhig und freundlich.

g) Nur im Sommer ist der Boden für wenige Wochen ohne Eis und Schnee.

h) Bekannt ist wohl der Londoner Nebel. Den gibt es aber seit einigen Jahren immer weniger.

i) Das Klima ist extrem: In 24 Stunden kann es Temperaturunterschiede bis zu 50 Grad geben (nachts ist es kalt, am Tage heiß).

j) Typisch ist der starke Regen jeden Tag gegen Mittag.

k) In den langen Wintern zeigt das Thermometer manchmal bis zu 60 Grad minus.

l) England hat ein ziemlich feuchtes und kühles Klima mit viel Regen und wenig Sonne.

m) Deshalb gibt es dort nur wenig Leben, selten Bäume und nur ein paar Pflanzen und Tiere.

n) Das Meer ist hier auch heute noch gefährlich für Schiffe.

o) Nur sehr selten regnet es für kurze Zeit.

p) Das Klima im Regenwald ist besonders heiß und feucht.

q) Bäume werden bis zu 60 Meter hoch.

6.1.
6.2.

Es gibt Wind/Nebel/ein Gewitter/ ...
Es ist kalt/heiß/ ...
Es schneit/regnet.

3. Ordnen Sie die Sätze zu 5 Texten, so daß jeder zu einem Bild paßt.

1. Wie ist das Wetter?

A. Hören Sie die Dialoge.

B. Welches Wetter ist gerade in Dialog A, B, C, D und E?

   Nebel ☐   Regen ☐   Gewitter ☐   kalt ☐   sehr heiß ☐

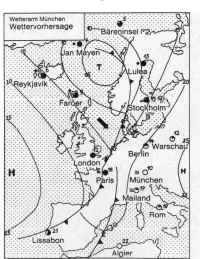

Zeichenerklärung:

○ wolkenlos
◐ fast wolkenlos
◑ wolkig
◕ fast bedeckt
● bedeckt
• Regen
▽ Regenschauer
≡ Nebel
⚹ Schnee
⌐ Gewitter
▲ Kaltfront
H Hochdruckgebiet
T Tiefdruckgebiet
⇨ warme Luftströmung
➡ kalte Luftströmung
Temperaturen in Grad C.
Luftdruck in Hpa

Wetterlage: Das Tief über Großbritannien zieht allmählich nach Osten und bringt kühle Meeresluft und Regen in den Norden Deutschlands. Das Hoch über den Alpen bestimmt weiter das Wetter in Süddeutschland.

Vorhersage für Sonntag, den 10. Juni: Norddeutschland: Morgens noch trocken, gegen Mittag wolkig und ab Nachmittag Regen. Den ganzen Tag starker Wind aus Nord-West. Tageshöchsttemperaturen zwischen 14 und 18 Grad, Tiefsttemperaturen nachts um 10 Grad.

Süddeutschland: In den frühen Morgenstunden Nebel, sonst trocken und sonnig. Tagestemperaturen zwischen 20 und 24 Grad, nachts um 12 Grad. Am späten Nachmittag und am Abend Gewitter, schwacher Wind aus Süd-West.

2. Wie wird das Wetter?

Familie Wertz wohnt in Norddeutschland, in Husum an der Nordsee.

Familie Bauer wohnt in Süddeutschland, in Konstanz am Bodensee.

Beide Familien überlegen, was sie am Sonntag machen können:

morgens einen Ausflug mit dem Fahrrad machen	nachmittags im Garten arbeiten
morgens segeln	nachmittags baden gehen
mittags im Garten Tischtennis spielen	abends eine Gartenparty machen
mittags das Auto waschen	abends einen Spaziergang machen
nachmittags im Garten mit den Kindern spielen	

Die Familien lesen den Wetterbericht. Was können sie machen? Was nicht? Warum?

3. Haben Sie heute einen Wetterbericht gehört oder gelesen?

Wie soll das Wetter morgen werden?

4. Wetterbericht

A. Hören Sie die Wetterberichte und beantworten Sie dann die Fragen.

B. Der erste Wetterbericht ist für Süddeutschland. Wie ist das Wetter dort?

Regen? Schnee? Wolkig? Nebel? Wind? Wie stark? Temperatur am Tag? Nachts?

C. Der zweite Wetterbericht ist ein Reisewetterbericht für verschiedene Länder.
Wie ist das Wetter in den Ländern?

	Regen	sonnig	wolkig	Gewitter	trocken	°C
Österreich						
Griechenland und Türkei						
Norwegen, Schweden, Finnland						

5. Erzählen Sie.

Wie gefällt Ihnen das Klima an Ihrem Wohnort? Macht Sie das Klima/Wetter manchmal krank? Was tun Sie dann? Welches Klima/Wetter mögen Sie am liebsten? Warum?

○ Was meinst du, wollen wir nachher einen Spaziergang machen?

□ Was? Bei diesem Regen? Da möchte ich lieber fernsehen.

○ Der Wetterbericht sagt aber, es hört nachher auf zu regnen.

□ Was der Wetterbericht schon sagt . . .! Sieh doch bloß mal aus dem Fenster!

○ Und wenn wir unsere Schirme mitnehmen?

□

Trotzdem. Mir ist es zu naß. Ich bleibe hier.
○ Wie du willst. Dann gehe ich eben allein.

Na gut. Aber wenn es nicht aufhört, gehen wir wieder zurück.
○ In Ordnung. Das verspreche ich dir.

| Was meinst du, wollen wir | jetzt nachher heute abend | an den Strand Schwimmen . . . das Auto waschen? grillen? . . . | gehen? |

| Was? Wie? | Bei diesem | Wetter? Nebel? Wind? . . . | |
| Da möchte ich Ich möchte | lieber | lesen. im Bett zu Hause | bleiben. |

| Das Radio Die Nachbarin In der Zeitung heißt es | sagt | aber, |
| es soll nachher | aufhören zu . . . besser wärmer frischer | werden. |

Was	das Radio die Nachbarin . . .	schon sagt!
Sieh doch bloß mal	aus dem Fenster! nach draußen!
Egal. Mir ist es zu	heiß. kalt. kühl. . . .

| Und wenn wir Wir können ja Du kannst ja | einen Mantel einen Pullover . . . | anziehen? mitnehmen. einpacken. |

| Ich | bleibe lieber hier. lese lieber. komme nicht mit. . . . |

Preis-rätsel

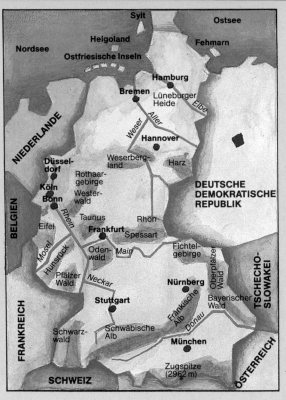

Wenn Sie an die Bundesrepublik denken, denken Sie dann auch zuerst an Industrie, Handel und Wirtschaft? Ja? Dann kennen Sie unser Land noch nicht richtig.

Die Bundesrepublik hat sehr verschiedene Landschaften: Flaches Land im Norden mit herrlichen Stränden an Nordsee und Ostsee, Mittelgebirge mit viel Wald im Westen und im Süden und hohe Berge in den Alpen. Auch das überrascht Sie vielleicht: 29,4% der Bodenfläche in der Bundesrepublik sind Wald! Obwohl unser Land nicht groß ist – von Norden nach Süden sind es nur 1200 km und von Osten nach Westen nur 260 km – ist das Klima nicht überall gleich.

Der Winter ist im Norden wärmer als im Süden, deshalb gibt es dort im Winter auch weniger Schnee. Anders ist es im Sommer. Da ist im Süden meist besseres Wetter als im Norden; es regnet weniger und die Sonne scheint öfter.

Wenn Sie mehr über die Landschaften in der Bundesrepublik wissen wollen, machen Sie mit bei unserem Quiz.

Sie können eine Reise in die Bundesrepublik gewinnen.

1. Welche Gegend oder Landschaft ist in Ihrem Land besonders schön?

Wie ist die Landschaft dort?
Wie ist das Klima dort (im Frühling, Sommer, Herbst, Winter)?

Wie sind die Menschen dort?
Was ist dort besonders interessant?

Wie würden Sie einem Deutschen Ihr Land beschreiben? Erzählen Sie oder schreiben Sie einen kleinen Text.

Ich komme aus . . . . Das liegt in . . . . Die Nachbarländer sind . . . . Es gibt bei uns sehr viel Industrie/Landwirtschaft . . . . Wir haben viel/wenig Wald/Gebirge/. . . Das Klima ist im Sommer/im Winter/ . . . .

Beantworten Sie die Fragen. Schicken Sie die Antwort an:
Deutsche Zentrale für Fremdenverkehr
Postfach 600
D-6000 Frankfurt/Main

EINSENDE-
24. JUNI 1984
SCHLUSS

1. Wie heißt die Landschaft, die zwischen den Flüssen Elbe und Aller liegt? _____

2. Wie heißt der Wald, der zwischen Main und Neckar liegt? _____

3. Wie heißen die sieben Inseln, die in der Nordsee liegen? _____

4. Wie heißt der Wald, aus dem die Donau und der Neckar kommen? _____

5. Wie heißt das Mittelgebirge, das zur BRD und zur DDR gehört? _____

6. Wie heißt das Mittelgebirge, durch das die Weser fließt? _____

1. Preis:	14-Tage-Reise für zwei Personen in den Schwarzwald
2. Preis:	7-Tage-Reise für zwei Personen in die Eifel
3. Preis:	Wochenendreise für zwei Personen nach Bremen
4.-10. Preis:	12 Flaschen deutscher Wein
11.-30. Preis:	1 Schallplatte mit deutschen Volksliedern
31.-50. Preis:	1 Landkarte für die Bundesrepublik Deutschland

2. Machen Sie jetzt selbst ein Quiz im Kurs.

6.3.
6.4.

Wie	heißt	der Wald/Fluß/Berg, das Mittelgebirge, die Landschaft, die Stadt/Insel, . . .	der die das	in den Alpen liegt und 2962 m hoch ist? aus Frankreich kommt? mitten in der Nordsee liegt? zwischen der belgischen Grenze und . . . liegt? . . .
	heißen	die Mittelgebirge, die Inseln, . . .	durch in	den die das	der Main/der Rhein/. . . fließt?

3. Machen Sie das Quiz auch mit Landschaften, Gebirgen . . . in Ihrem Land.

B3

1

Über allen Gipfeln
Ist Ruh,
In allen Wipfeln
Spürest du
Kaum einen Hauch;
Die Vögelein schweigen im Walde.
Warte nur, balde
Ruhest du auch.

Johann W. von Goethe

Die Großmutter wohnte draußen im Wald, eine halbe Stunde vom Dorf. Als Rotkäppchen in den Wald kam, traf sie den Wolf. Rotkäppchen wußte nicht, was für ein böses Tier das war, und sie hatte keine Angst.

Brüder Grimm: Rotkäppchen

Zu fällen einen schönen Baum, braucht's eine halbe Stunde kaum. Zu wachsen, bis man ihn bewundert, braucht er, bedenk es, ein Jahrhundert!

Eugen Roth

Oh Tannenbaum, oh Tannenbaum wie grün sind deine Blätter. Du grünst nicht nur zur Sommerszeit, nein auch im Winter, wenn es schneit. Oh Tannenbaum...

Weihnachtslied

...drum will ich nie glauben, daß ich irgendwo allein bin, wo Bäume oder Blumen sind.

Hugo von Hofmannsthal

Hänsel und Gretel gingen die ganze Nacht und noch einen Tag von morgens bis abends, aber sie kamen aus dem Wald nicht heraus und waren so hungrig. Und weil sie so müde waren, legten sie sich unter einen Baum und schliefen ein.

Brüder Grimm: Hänsel und Gretel

Liebe Waldbesucher!
Der Wald ist ein Ort der Ruhe und Erholung
1. Rauchen Sie nicht!
2. Sprechen und singen Sie leise!
3. Stören Sie die Tiere nicht!
4. Bleiben Sie auf den Wegen!
5. Werfen Sie kein Papier weg!

Vielen Dank

Das Forstamt

Der deutsche Wald stirbt

»Mama, was ist das, ›ein Wald‹?« Müssen wir diese Frage in 20 Jahren von unseren Kindern hören, die den Baum, den Wald nur noch von Büchern und Bildern kennen? Eine schreckliche Zukunftsvision. Was ist los mit unseren Wäldern?

60 % der Tannen in der Bundesrepublik sind krank oder schon tot. Man kann von einer Umweltkatastrophe sprechen, obwohl es den anderen Bäumen noch etwas besser geht. Warum sterben die Bäume? Die Ursache ist der Regen, meinen die Wissenschaftler. Der Regen, der seit Adam und Eva das sauberste Wasser war, ist heute ein Umweltgift. Der Regen ist sauer, manchmal so sauer wie Zitronensaft. Und die Ursache dafür liegt in der Luft,

die zuviel Schwefeldioxyd (SO_2) enthält.

Das SO_2 in der Luft kommt zu 56 % aus Kohle- und Ölkraftwerken und zu 28 % von der Industrie.

Durch hohe Schornsteine kommen die SO_2-Abgase nach draußen. Der Wind bringt sie weiter, so daß sie auch in Gebiete kommen, in denen es keine Industrie gibt.

Oft sind es tausende von Kilometern. Und der Wind kennt keine Ländergrenzen. Wir »exportieren« das Gift auch ins Ausland und »importieren« es von den europäischen Industriezentren.

Wasser aus Regen und Nebel machen das Schwefeldioxyd in der Luft zu Schwefelsäure, einem flüssigen Stoff, der sauer und aggressiv ist.

Für Bäume ist der saure Regen

besonders gefährlich, weil sie lange leben und nur langsam wachsen. Dadurch konzentriert sich besonders viel Giftstoff in ihnen. Und – sie nehmen das saure Wasser doppelt auf: durch die Blätter und aus dem Boden. Deshalb wachsen die kleinen Bäume langsamer, und die großen Bäume werden schneller alt. Bei Tannenbäumen und Fichten ist es noch schlimmer. Weil sie auch im Winter Blätter haben, bekommen sie das meiste Gift.

Tannen, die noch gesund aussehen, sterben manchmal innerhalb von vier bis sechs Wochen. Vielleicht ist es noch nicht zu spät; aber wir alle, und besonders die Politiker, müssen jetzt etwas tun. Sonst fragen unsere Kinder in zwanzig Jahren wirklich: »Was ist das, ›ein Wald‹?«

1. Was ist richtig?

a) ☐ 56% der deutschen Industrie sind Kohle- und Ölkraftwerke.

☐ Kohle- und Ölkraftwerke produzieren am meisten SO_2-Abgase.

☐ 56% der Abgase von Kohle- und Ölkraftwerken sind SO_2.

b) ☐ Die Abgase sind bei Wind besonders gefährlich.

☐ Die hohen Schornsteine stehen in Gebieten, in denen es keine Industrie gibt.

☐ Die Abgase kommen bei Wind auch in entfernte Gebiete.

c) ☐ Das SO_2 in der Luft macht den Regen sauer.

☐ Schwefelsäure ist saure Luft.

☐ Wenn es regnet, kommen Abgase in die Luft.

d) ☐ Der saure Regen macht alle Bäume sofort kaputt.

☐ Der saure Regen ist nur für große Bäume gefährlich.

☐ Der saure Regen ist für Tannen und Fichten besonders gefährlich.

2. Wie entsteht saurer Regen?

Suchen Sie alle Sätze aus dem Text (S. 81) heraus, die erklären, wie saurer Regen entsteht. Kommentieren Sie dann die Grafik.

Sie können bei der Ursache anfangen:

„Links ist eine Fabrik mit einem Schornstein, aus dem . . .“

Sie können aber auch beim Resultat beginnen:

„Der Baum stirbt, weil . . .“

6.3.
6.4.

1. Umweltschutz fängt auch bei uns selber an.

Das Plakat auf S. 83 soll Tips für den Umweltschutz geben. Es ist aber noch nicht fertig. Ergänzen Sie selbst noch fünf Tips (a–e). Sie können die folgenden Sätze verwenden:

a) Werfen Sie Batterien, ⬭ nicht in den Hausmüll!

b) Kaufen Sie keine Getränke, ⬭

c) Gießen Sie Altöl nicht in die Toilette oder ins Waschbecken!

d) Werfen Sie Glasflaschen, ⬭ in einen Glascontainer!

e) Sparen Sie Energie. Heizen Sie nur die Zimmer, ⬭

Denn die Produktion von Dosen kostet viel Energie, und man kann sie nur einmal gebrauchen.

Denn aus Altglas kann man wieder neues Glas machen.

Denn sonst haben wir bald kein Gas, keine Kohle und kein Öl mehr.

Denn 1 Liter Altöl kann 1 Million Liter Trinkwasser kaputt machen.

Denn Batterien enthalten giftige Stoffe.

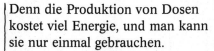

die die Geschäfte nicht zurücknehmen, die leer sind, die Sie wirklich brauchen. die es nur in Dosen gibt.

GREENPEACE

Nehmen Sie keine Plastikflaschen (zum Beispiel Flaschen für Haushaltsreiniger) oder Plastiktüten, die aus PVC sind. Denn PVC ist giftig, wenn man es verbrennt.

Umweltschutz fängt auch bei uns selber an

Greenpeace (Deutschland) e.V.
Hohe Brücke 1
Haus der Seefahrt
2000 Hamburg 11
Telefon (040) 37 33 44
oder 37 33 59

2. Welche Umweltprobleme gibt es in Ihrem Land?
Welche sind besonders gefährlich? Warum? Was macht man dagegen?

Die Gefährlichkeit der Rasensprenger (6)

An diesem Sonntag regnete es in Strömen. Um 9 Uhr lag die ganze Familie Gottschalk noch im Bett. Nur Oma saß wie immer seit 8 Uhr am Radio und hörte ihren Gottesdienst.

Walter war wach, hörte dem Regen zu und dachte an gar nichts. Er beobachtete den Wettlauf der Regentropfen außen an der Fensterscheibe. Sie liefen wie kleine Tiere an der Scheibe herunter, machten auf halbem Wege eine Pause, warteten auf Verstärkung. Dann rannten sie mit doppelter Geschwindigkeit nach unten.

Walter hörte, wie Lilo neben ihm laut gähnte. Sie war also auch wach.

»Es regnet«, sagte Walter.

»Hm…«, sagte Lilo.

»Stehst du auf?« fragte er.

»Ich weiß nicht…« Lilo gähnte wieder und besonders lange. »Und du?«

»Na ja«, sagte Walter vorsichtig, »irgendwann müssen wir ja auch frühstücken. Oma ist sicher schon unten.«

»Oma trinkt nur eine Tasse Tee«, sagte Lilo.

»Und du?« fragte Walter, »denkst du noch nicht an ein schönes Sonntagsfrühstück?«

In diesem Augenblick war aus einem der Kinderzimmer ein schrecklicher Schrei zu hören.

»O Gott…!« Lilo sprang mit einem Satz aus dem Bett. »Das ist Caroline. Es ist etwas passiert!«

Walter ließ sich etwas mehr Zeit. Er kannte »seine Frauen«: ein Geräusch auf der Treppe oder auf der Terrasse, und schon glauben sie Gott weiß was. Daß ein Mörder kommt, zum Beispiel. Ruhig ging er in Carolines Zimmer.

»Na, wo ist er denn, der Mörder?«

»Da, da…!« Caroline lag noch in ihrem Bett und zog die Decke bis zum Hals. »An der Wand, neben dem Fenster.«

»Siehst du sie?« fragte Lilo ängstlich.

»Ich sehe sie«, sagte Walter, nahm einen von Carolines Pantoffeln in die Hand und ging entschlossen auf das »Monstrum« los – auf die große Spinne nämlich, die da ganz friedlich auf der Wand saß.

»Schade«, sagte er und hob den Pantoffel, »so ein schönes Tier, und im Grunde so nützlich…« Aber halt – was war das! Draußen, dieses komische Licht, an – aus, an – aus…Walter öffnete das Fenster – der Pantoffel fiel ihm aus der Hand. Von hier oben konnte er den Garten seines Nachbarn Köhler gut sehen. Einen Augenblick dachte er: ein Traum. Er rieb sich die Augen – es war kein Traum. Dort unten, mitten auf dem Rasen seines Nachbarn Köhler, stand ein Monstrum, mindestens einen Meter hoch. Es stand auf dünnen hohen Beinen, sah aus wie eine riesige Spinne und leuchtete von innen heraus – ein blaues, unheimliches Licht.

Ohne ein Wort rannte Walter nach unten, zum Telefon. Dreimal wählte er die Nummer von Herrn Willeke, dem Vertreter der Firma Maßmann & Co. Aber niemand nahm ab.

Fortsetzung folgt

»Da, da…!« Caroline lag noch in ihrem Bett…

B1

1. Was nehmen Sie mit, wenn Sie eine Reise machen?

Was fehlt Ihnen am meisten, wenn Sie im Ausland (in der Bundesrepublik) sind?

2. Interview am Frankfurter Flughafen

Der Reporter fragt: Was haben Sie bei einer Reise immer dabei? Was würden Sie nie vergessen?
A. Hören Sie die Interviews.
B. Notieren Sie.

	Beruf?	kommt woher?	fliegt wohin?	nimmt was mit?
Schweizerin				
Brite				
Italiener				
Deutsche				
Deutscher				

Kaffee   Guitarre   Teddybär   Schirm   Kohletabletten

2

Urlaub mit DYNAM☼S-Versicherungen

Haben Sie nichts vergessen?

Ihre Urlaubs-Check-Liste

Versicherungen/Ämter/Ärzte
- ☐ Gepäckversicherung abschließen
- ☐ Internationalen Krankenschein besorgen
- ☐ Paß/Ausweis verlängern lassen
- ☐ Visum beantragen
- ☐ Katze/Hund untersuchen und impfen lassen

Bahn/Flugzeug/Schiff
- ☐ Reiseprospekte besorgen
- ☐ Fahrpläne/Fahrkarten/Flugkarten besorgen
- ☐ Plätze reservieren lassen
- ☐ Hotelzimmer bestellen

Auto
- ☐ grüne Versicherungskarte besorgen
- ☐ Motor/Öl/Bremsen/Batterie prüfen lassen
- ☐ Auto waschen lassen
- ☐ Benzin tanken

Persönliche Vorbereitungen
- ☐ Geld wechseln
- ☐ Reiseschecks besorgen
- ☐ Kleider/Anzüge in die Reinigung bringen
- ☐ Wäsche waschen
- ☐ Apotheke: Medikamente, Pflaster, … kaufen
- ☐ Drogerie: Seife, Zahnbürste, Zahnpasta kaufen
- ☐ Koffer packen: Wäsche, Kleider, Anzüge, Hosen, Pullover, Blusen, Hemden, Handtücher, Bettücher
- ☐ Fluggepäck wiegen

Haus/Wohnung
- ☐ Nachbarn Schlüssel geben
- ☐ Fenster zumachen
- ☐ Licht/Gas/Heizung ausmachen

1. Reiseplanung

A. Was würden Sie mitnehmen, wenn Sie in die Bundesrepublik fahren würden?
Machen Sie eine Liste!

B. Was würden Sie vor der Reise machen?

Winterurlaub

Alpen, Ferienhaus,
2 Wochen, Zug,
Winter, 2 Erwachsene,
4 Kinder

Geschäftsreise

Hannover, Hotel,
4 Tage, Flug,
Herbst, allein

Campingurlaub

Bodensee, Camping,
3 Wochen, Auto, Hund,
Sommer, zwei Kinder
(2 und 10 Jahre),
zwei Erwachsene

2. Wer macht was?

Wir müssen das Visum beantragen. Soll ich das machen?

Nein, laß mich das Visum beantragen. Du kannst die Katze impfen lassen.

A. Visum beantragen / Katze impfen
Hotelzimmer bestellen / Pässe verlängern
Krankenschein besorgen / Bremsen prüfen
Geld wechseln / Auto waschen
Reiseschecks besorgen / Plätze reservieren
Fahrkarten kaufen / Anzüge reinigen lassen

7.1.

Laß mich das Visum beantragen.
Du läßt die Katze impfen.

B. Nehmen Sie die Liste, die Sie für Übung 1 gemacht haben, und üben Sie damit weiter!

Wenn jemand eine Reise macht, dann kann er viel erzählen.

Wißt ihr, was mir vorige Woche passiert ist? Ich wollte am Wochenende Ski fahren und bin deshalb nach Österreich gefahren. Denn dort war ziemlich viel Schnee. Ich war kurz vor der Grenze, da habe ich gemerkt, daß ich weder meinen Paß noch meinen Ausweis dabei hatte. Trotzdem habe ich es versucht, aber ich durfte nicht über die Grenze. Also bin ich wieder zurückgefahren und habe meinen Ausweis geholt. Nach drei Stunden war ich schließlich wieder an der Grenze. Aber jetzt wollte niemand meinen Ausweis sehen...

A. Hören Sie den Text. Was ist Herrn Weiler passiert? Erzählen Sie.

Urlaub → Ostsee/Travemünde → Zimmer reserviert → kein Zimmer frei → sich beschwert → kein Zweck → Zimmer in Travemünde gesucht → Hotels voll/Zimmer zu teuer → nach Ivendorf gefahren → Zimmer gefunden

Verwenden Sie die Wörter

| denn | trotzdem | aber | deshalb | dann | schließlich | entweder...oder | also | da |

B. Was ist hier passiert? Erzählen Sie.

C. Was ist Ihnen einmal auf einer Reise passiert? Erzählen Sie.

Spiel: Die Reise zum Mond

(Gruppen: 3 Personen)

Sie planen eine Reise zum Mond / in die Sahara / auf eine Insel im Pazifik / in die Antarktis.

Ihre Reisegruppe soll drei Wochen lang auf dem Mond (in der Sahara, auf der Insel, in der Antarktis) bleiben. Es gibt dort keine anderen Menschen! Hier ist eine Liste mit 30 Dingen, von denen Sie nur <u>fünf</u> mitnehmen dürfen.

Diskutieren Sie, welche Dinge Sie mitnehmen. Am Ende müssen alle „Reiseteilnehmer" überzeugt sein, daß die Gruppe die richtigen Dinge gewählt hat.

Vergessen Sie nicht: Sie müssen essen, trinken, gesund bleiben, den richtigen Weg finden; vielleicht haben Sie einen Unfall und müssen gerettet werden . . . . . .

1. 50 m Aluminiumfolie	11. Fotoapparat	21. Seife
2. Benzin	12. Kochtopf	22. Seil
3. Bettuch	13. Kompaß	23. Spiegel
4. Bleistift	14. Messer	24. Streichhölzer
5. Briefmarken	15. 100 Blatt Papier	25. Taschenlampe
6. Brille	16. Pflaster	26. Telefonbuch
7. Camping-Gasofen	17. Plastiktaschen	27. Uhr
8. Familienfotos	18. Reiseschecks	28. 200 Liter Wasser
9. zehn Filme	19. Salz und Pfeffer	29. Wolldecke
10. Flasche Schnaps (54%)	20. Schirm	30. Zahnbürste

Ich würde . . . mitnehmen.		. . . ist	wichtig.	Das finde ich unwichtig.
Ich schlage vor, meine,	daß wir . . .		notwendig.	nicht notwendig.

7.2.
7.5.

. . . braucht man zum	Kochen	Ich bin dafür.	Ich bin dagegen.
	Waschen	Einverstanden.	Das ist doch Unsinn.
	Schlafen	Meinetwegen.	Nein, aber . . .
	Trinken	Das ist mir egal.	Es ist besser, wenn . . .
	Feuer machen		
	. . .		Das finde ich auch. glaube meine
Wenn man in / auf . . . ist, braucht man	unbedingt . . . ganz bestimmt . . .		

In Deutschland leben mehr als eine Million Ausländerkinder unter 16 Jahren, die meisten davon sind Türken. Viele besuchen deutsche Schulen. Unser Bericht stellt eine 9. Hamburger Hauptschulklasse vor, die mit ihrem Lehrer in die türkische Stadt Konya gefahren ist. Bevor sie weggefahren sind, hatten die deutschen, aber auch die türkischen Schüler viele Fragen.

7.3a), b)

Hauptschule in Hamburg-Veddel

davon in %	38 Prozent ausländische Schüler	
	62	Türken
	14	Jugoslawen
	9	Italiener
	7	Griechen
	3	Spanier
	5	übrige

Was muß man mitnehmen?
Nesrin möchte wissen,
was   man mitnehmen muß.

Sprechen viele Türken deutsch?
Antja fragt,
ob   viele Türken deutsch sprechen.

Wer fragt was?

Nesrin möchte wissen, was man mitnehmen muß.
Antja fragt, ob viele Türken deutsch sprechen.
Mehmet möchte wissen, ...
Franz ...

Klassenreise

Zum Frühstück gibt es Schafskäse und Oliven. Für Matthias, der sonst immer Brötchen und Marmelade ißt, ein schlechter Anfang für den Tag.

Matthias gehört zu einer 9. Hauptschulklasse aus Hamburg, die mit ihrem Lehrer in die Türkei gefahren ist. 11 Tage wohnen die 14 deutschen und 9 türkischen Jungen und Mädchen bei Gastfamilien in Konya.
Ihre Schule in Hamburg liegt im Arbeiterviertel »Veddel«, wo fast so viele Türken wie Deutsche wohnen. Die Eltern der deutschen Hauptschüler arbeiten alle mit Türken zusammen. »Das sind fleißige Arbeiter, gute Kollegen«, sagen sie. »Wir haben nichts gegen die Türken, nein wirklich, gar nicht!« Aber private Kontakte, Freundschaft, einen Türken nach Hause einladen? Nein, das macht hier niemand.
Und die Kinder? Was wissen sie über ihre türkischen Mitschüler und über das Land, aus dem sie kommen?
Der Lehrer hat sie vor der Klassenreise gefragt. Einige wußten, daß es in der Türkei Moscheen gibt, aber das war auch alles. Sie haben sich alle auf die Reise gefreut, aber da war auch ein bißchen Angst vor dem Land, das ihnen so fremd ist. »Hoffentlich mache ich alles richtig«, sagte eine Schülerin. Und andere: »Ich habe ein bißchen Angst, daß ich die Leute nicht verstehen kann« und »Was mache ich, wenn ich in Konya nicht mehr den richtigen Weg finde?« »Hoffentlich schmeckt mir das Essen.«
Die türkischen Mitschüler haben versprochen zu helfen, und natürlich zu übersetzen, wenn es Sprachprobleme gibt.
Und dann sind sie gefahren.
Matthias wohnt in Konya bei Familie Usta und ist sehr zufrieden mit seinen Gasteltern,

obwohl ihm das Frühstück nicht schmeckt. Herr Usta ist Lehrer, das Ehepaar hat sechs Kinder. Matthias, der selbst fünf Geschwister hat, fühlt sich in der großen Familie wohl. Besonders gefällt ihm die Gastfreundschaft seiner türkischen Familie. Jeder, der kommt, muß einen Tee trinken und etwas essen. Nur »irgendwie arm sind die schon«, sagt er später, als er in Deutschland von seiner Reise

Festtag im Dorf:
Mädchen und Jungen feiern getrennt.

erzählt, und meint damit, daß Familie Usta kein »richtiges« Badezimmer hat.
Für ein paar andere Mitschüler sind die türkischen Toiletten ein großes Problem, weil man dort stehen muß. »Wenn ich nach Hause komme, setze ich mich erst mal eine Stunde auf die Toilette«, sagt Franz, als sich die ganze Klasse in der Stadt trifft.
Am nächsten Tag sind alle bei einem reichen Kunsthändler eingeladen. Sein Haus ist wie ein Märchen aus Tausendundeiner Nacht – farbige Glasfenster, Lampen aus Gold und dicke Teppiche auf dem Boden und an den Wänden. Im ersten Stock seines Hauses ist

der Harem. Natürlich will die ganze Klasse hinaufgehen. Der Hausherr, der streng nach dem Koran lebt, erlaubt es nur den Mädchen. Aysche, die das Gespräch mit dem Kunsthändler für ihre Mitschüler übersetzt, lebt schon seit zehn Jahren in Deutschland. Sie reagiert auf die Bitte des Hausherrn wie einige ihrer deutschen Mitschüler: »Warum denn? Das verstehe ich nicht.« Als die Mädchen aus dem Harem zurückkommen, sind sie enttäuscht. Der Kunsthändler hatte nur eine Frau.

dabei nicht zu lachen. Dann erklärt er dem Dorfältesten auf türkisch, daß der langhaarige Matthias kein Mädchen ist. Er darf dann auch mit den Männern feiern.
Im Männerhaus ist die Atmosphäre herzlich. Es gibt Tee und Tabak. Taner küßt allen Männern die Hände, die türkische Art der Begrüßung. Matthias schaut interessiert zu und tut dann dasselbe. Die Männer freuen sich, sie lachen und geben ihm türkische Zigaretten. Alle sitzen ohne Schuhe auf dem Teppich. Muhammads Onkel Mehmet will

»Ich habe immer gedacht, das türkische Essen wäre schrecklich...« Zum Hammelfleisch mit Reis und Gemüse gibt es Joghurt und türkische Pizza.

Zwei Tage später wollen Matthias, Taner, Brigitte und Nesrin ihren früheren Mitschüler Muhammad besuchen. Muhammad war drei Jahre mit ihnen in der Klasse und lebt seit einem Jahr wieder in der Türkei. Das Dorf, in dem er wohnt, ist 60 km von Konya entfernt. Muhammad hat ganz kurze Haare, wie die meisten Dorfkinder in der Türkei, und seine früheren Mitschüler erkennen ihn kaum wieder. Matthias mit seinen langen blonden Haaren kann das am wenigsten verstehen. »Mensch, Muhammad, wie siehst du denn aus?« sagt er bei der Begrüßung.
An diesem Tag ist gerade ein türkischer Festtag. Für die Feier im Dorf werden Jungen und Mädchen vom Dorfältesten getrennt. Taner übersetzt, was der freundliche alte Mann gerade zu Matthias sagt: »Meine Tochter, geh' mit den Frauen!« Er versucht,

wissen, ob die Deutschen auch an einen einzigen Gott glauben. Das Gespräch ist interessant, aber sehr schwierig. Matthias versucht zu erklären, daß Gott Vater, Sohn und Heiliger Geist nicht drei Götter sind, sondern eine Person. Das ist selbst für Christen nicht so ganz einfach und natürlich für einen Muslim noch schwerer zu verstehen. Taner, der übersetzen muß, macht Schwerarbeit. Zu seinem Glück gibt es bald Essen.
Beim Essen sind auch die beiden Mädchen Brigitte und Nesrin wieder dabei. Es gibt Hammelfleisch, Joghurt, türkische Pizza, Gemüse und Reis. »Also, ich habe früher immer gedacht, das türkische Essen wäre schrecklich, ganz fett und so...« sagt Brigitte und ißt ihre dritte Portion.
Ob die Klassenreise wohl hilft, daß auch zu Hause die Kontakte besser werden?

1. Was meinen Sie?

A. Was ist für die deutschen Schüler in der Türkei wohl fremd?

7.3a), b)

B. Was gefällt den deutschen Schülern in der Türkei?

Ich glaube, daß . . .

Die Schüler	können nicht verstehen,	daß . . .
	wissen nicht,	wie . . .
		warum . . .

. . . ist	für die Schüler	fremd.
	für Matthias	neu.
		unbekannt.
		. . .

Die Schüler finden es	gut,	daß . . .
	komisch,	
	interessant,	

Gastfamilie   Männerhaus
Frühstück
auf dem Teppich sitzen   Toiletten
Festtag   Männer und Frauen
Gastfreundschaft   Sprache
freundlich   Essen
türkische Familien

C. Was glauben Sie, warum der Lehrer mit seiner Klasse diese Fahrt gemacht hat?

2. Stimmt doch, oder?

Die Deutschen . . .

sind dick

sind immer laut

sind reich

arbeiten immer

können nicht lachen

sind sauber

sind sehr freundlich

haben nie Zeit

sind pünktlich

sind sparsam

sind immer noch Faschisten

3. Was findet man in Ihrem Land an Deutschen komisch, gut . . . ?

B3

1. Familie Neudel will auswandern.

A. Hören Sie das Gespräch.

B. Warum möchte Familie Neudel auswandern? Was ist richtig?

Familie Neudel möchte auswandern,
a) um freier zu leben.
b) damit Herr Neudel weniger Steuern zahlen muß und mehr verdient.
c) um in Paraguay Land zu kaufen und Bauern zu werden.
d) um Land zu kaufen und ein Haus zu bauen.
e) damit Frau Neudel eine Stelle bekommt.

2. Familie Kumar ist eingewandert.

Sie lebt seit 14 Jahren in der Bundesrepublik.
A. Hören Sie das Gespräch.

B. Warum ist Familie Kumar in die Bundesrepublik gekommen? Was ist richtig?

7.4.

Familie Kumar ist eingewandert,
a) um mehr Geld zu verdienen.
b) weil sie Verwandte in der Bundesrepublik haben.
c) um Deutsche zu werden.
d) weil Herr Kumar hier ein Praktikum machen wollte.
e) damit die Kinder gute Schulen besuchen können.

3. Vergleichen Sie die beiden Familien.

Was ist ähnlich? Was ist verschieden?

4. Warum wandern Menschen aus? Was glauben Sie?

PARAGUAY
Nicht »aussteigen« einsteigen in Süd amerika

Ist es Ihnen in der Bundesrepublik zu eng? In Paraguay (anderthalb mal so groß wie die Bundesrepublik und nur 3 Millionen Einwohner) gibt es noch Platz, und man kann frei leben.
Wir sind ein großer Landwirtschaftsbetrieb im Norden Paraguays und bieten Ihnen auf unserer Farm gutes Land an. Für 30 000 DM bekommen Sie 50 000 qm, das sind nur 60 Pfennig für einen Quadratmeter.
In Paraguay erhalten Sie und Ihre Familie schnell eine Aufenthaltserlaubnis. Eine Stelle zu finden, ist für Sie als Deutscher bestimmt nicht schwierig. In unserem Land leben schon 50 000 Deutsche, und man ist sehr deutschfreundlich.

Ausländer – woher?
Von den 4,63 Millionen Ausländern in der Bundesrepublik sind:

Türken	1,55 Mio
Jugoslawen	637 300
Italiener	624 500
Griechen	299 300
Asiaten	242 000
Spanier	177 000
Afrikaner	115 100
Portugiesen	109 400
sonstige	878 800

1961 wohnten nur 690 000 Ausländer in der Bundesrepublik, heute sind es 4,6 Millionen. Die meisten sind in den Jahren zwischen 1967 und 1974 eingewandert. Fast die Hälfte sind länger als 10 Jahre in der Bundesrepublik.

Sie wandern aus,

um Arbeit zu bekommen.
um ... zu ...
damit die Familie besser leben kann.
damit ...
weil sie in der Bundesrepublik studieren wollen.
weil ...

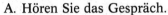

Nebensatz mit 'weil', 'damit', 'um ... zu'
Sie wandern aus,
weil sie Arbeit bekommen wollen.
damit sie Arbeit bekommen.
um Arbeit zu bekommen.

Auswanderer-Welle:
Hunderttausende wollen Deutschland verlassen

EINWANDERUNGSVISUM
AUSKUNFT

IMMIGRANT VISA
INFORMATION ONLY

Weg von hier – um jeden Preis

Die Angestellten in den Botschaften und Konsulaten von Kanada, Australien, Neuseeland und Südafrika müssen Überstunden machen. Denn immer mehr Deutsche wollen Auskünfte darüber, wie man auswandern kann.

Im 19. Jahrhundert sind viele Deutsche nach Nord- und Südamerika ausgewandert, weil sie arbeitslos waren. Heute wollen sie weg, weil sie Angst vor einem Krieg in Europa haben oder mit der Politik in der Bundesrepublik nicht einverstanden sind. Viele hoffen, in ihrer neuen Heimat eine bessere Stelle zu finden und reich zu werden.

»Wir haben keine ruhige Minute mehr«, so eine Angestellte in der australischen Botschaft, »vor zwei Jahren waren es nur 36 000, letztes Jahr schon 126 000, die wissen wollten, wie man nach Australien auswandern kann«. Aber es ist nicht leicht, für Australien oder ein anderes Land eine Aufenthaltserlaubnis zu bekommen. Man

nimmt nicht jeden, sondern nur Leute mit bestimmten Berufen, die man auch wirklich braucht. Deshalb konnten letztes Jahr nur 57 000 auch wirklich auswandern. Den meisten Leuten in der Bundesrepublik geht es nicht schlecht. Warum möchten so viele trotzdem auswandern? Die Gründe sind genauso verschieden wie die Menschen. Doch einige Gründe hört man immer wieder: »In Australien, da hat man noch Freiheit«, sagte uns der Automechaniker Hans Szopa, »außerdem ist hier in Deutschland alles zu teuer. Wer kann sich denn hier noch ein Haus bauen?« »Viel Natur« sucht der Tischler Helmut Mense (30) in Kanada. Andere, wie der Elektroingenieur Helmut Kolz (35) aus Mannheim, haben Angst vor der politischen Situation in Europa: »Ich möchte hier weg, bevor es in Europa wieder einen Krieg gibt.« Viele informieren sich vorher nicht genau genug, wie das Leben in ihrem Wunschland wirklich aussieht. Sie wissen z.B. oft nicht, wie

das Klima dort ist, wie lange sie pro Woche arbeiten müssen, wieviel eine gute Wohnung kostet, ob es genug Arbeit gibt, ob es eine Versicherung für Krankheit und Arbeitslosigkeit gibt, ob man schnell Freunde findet usw. Wenn sie dann im fremden Land leben, sind sie oft enttäuscht: Sie können die Leute nicht verstehen; für die Frau gibt es keine Arbeit; die Kinder haben Probleme in der Schule; es gibt nur sehr wenig Urlaub; Angst vor einem Krieg hat man auch im Ausland, usw.
Die meisten bleiben trotzdem und finden manchmal auch ihr Glück. Viele kommen aber zurück. Der Bäckermeister Dieter Westphal (25) z.B. war in seiner neuen Heimat Kanada nicht glücklich und flog nach fünf Monaten zurück: »Es hatte keinen Zweck mehr; ich bekam 375 Dollar pro Woche, aber für 60 Stunden Arbeit. Meine Frau hatte keine Arbeit und war immer mit den Kindern zu Hause. Heute sehe ich, daß es den Deutschen sehr gut geht.«

1. Was ist richtig?

Viele Deutsche wollen auswandern,

Die Angestellten in den Botschaften und Konsulaten
arbeiten viel,

Die Länder nehmen nicht
alle,

Viele Auswanderer kommen
zurück,

weil sie enttäuscht sind.

weil man nur Leute mit bestimmten Berufen nimmt.

um reich zu werden.

weil es in der Bundesrepublik zu wenig Natur gibt.

weil viele Leute Auskünfte über die Auswanderung
haben wollen.

weil sie nicht genug über das Land wußten.

um freier leben zu können.

weil sie glauben, daß es in Europa bald Krieg gibt.

AUSWANDERN

*Wir zeigen Ihnen, wie es geht! Genaue Aus-
künfte über Einwanderungsgesetze (Auf-
enthalts- und Arbeitserlaubnis), Stellensuche, Gehalt, Steuern, Versicherungen,
Hauskauf, Wohnungssuche, Schulen, Klima,
Sprache usw. geben Ihnen unsere Ratgeber »Auswandern« für Australien, Brasilien,
Bolivien, Paraguay, Peru, Venezuela, Neuseeland, Kanada, USA, Bahamas.*

Union Verlag · Postfach 12 75 07 · 7000 Stuttgart

Man muß wissen, wie lange
man bleiben darf.

Bevor man auswandert,
muß man die Sprache lernen.

Man muß fragen, ob es
gute Schulen gibt.

Man muß . . .

2. Welche Probleme gibt es, wenn man auswandert?

Was muß man vorher tun? Was muß man wissen?

Bevor man auswandert, muß man ...		
Man muß	wissen, fragen,	wie lange ... welche ... wo ... wer ... was ... wie ... wieviel ... wann ... ...
Man muß	wissen, fragen,	ob ...

frei die Meinung sagen   Probleme mit Ämtern
Geld verdienen
Stunden pro Woche arbeiten   Tiere mitnehmen
Pässe verlängern
Auto mitnehmen   Steuern
Leute kennenlernen   genug Stellen   Urlaub bekommen
Wohnung bekommen   Klima   Leute freundlich
Haus kaufen   sich impfen lassen
leicht Freunde finden   Krankenversicherung
Arbeitserlaubnis | brauchen
... | beantragen   verdienen   ...

Die Gefährlichkeit der Rasensprenger (7)

Den ganzen Montag versuchte Walter mit Herrn Willeke zu telefonieren. »Herr Willeke ist gerade in einer wichtigen Besprechung«, sagte man ihm, »rufen Sie bitte später noch einmal an.« Später hieß es dann: »Herr Willeke ist zur Zeit nicht im Haus, aber er kommt sicher noch einmal ins Büro, am späteren Nachmittag.« Und als Walter am späteren Nachmittag noch einmal anrief, war Herr Willeke gerade wieder weg.

Am Mittwoch klappte es endlich. »Hallo, mein Lieber – aber natürlich weiß ich, wer Sie sind! Wie geht's Ihrer Frau? Und die lieben Kinder? Was kann ich für Sie tun?«

Aufgeregt berichtete Walter von der Riesenspinne, die seit drei Tagen im Garten seines Nachbarn Köhler saß.

»Herkules«, sagte Herr Willeke, »die zweite Rasensprenger-Generation. Ja, ja, die Konkurrenz schläft nicht. Aber nun machen Sie sich mal keine Sorgen! Die Firma Maßmann & Co. hat schon eine Antwort.« Herr Willeke versprach, am Freitag vorbeizukommen, im Laufe des Tages. Walter rief bei seiner Versicherungsgesellschaft an und nahm für Freitag einen Tag Urlaub.

Walter stand am Freitagmorgen schon um sieben Uhr auf, um sich auf den Besuch von Herrn Willeke vorzubereiten. Aber Herr Willeke kam nicht, um drei Uhr nachmittags war er immer noch nicht da. Walter wurde von Stunde zu Stunde nervöser und trank einen Whisky nach dem anderen.

Endlich, um halb sechs, hielt vor dem Haus der Gottschalks ein Mercedes 350 SL. Heraus stiegen Willi Willeke, der Generalvertreter der Firma Maßmann & Co., und ein junger Mann. Walter machte den beiden die Tür auf.

»Guten Tag, mein Lieber…!« Herr Willeke hatte es sehr eilig. »Jetzt zeigen Sie uns mal das Ding. Das ist übrigens mein Mitarbeiter, Herr Silberberg.«

Walter führte die Herren in den Garten.

»Habe ich mir gedacht!« Herr Willeke pfiff durch die Zähne. »Ein Herkules! Und verdammt nahe dran!«

»Ist er… ist er gefährlich?« fragte Walter.

»Gefährlich…?« Herr Willeke mußte lachen. »So wie er da steht, ist er ganz ungefährlich. Sie können ihn sogar streicheln. Hören Sie…« Herr Willeke machte nun ein sehr ernstes Gesicht »…wenn Sie meinen Rat wollen: machen Sie Nägel mit Köpfen!«

»Und… und was heißt das?«

»Auf Herkules gibt es nur eine Antwort: Titan. Der atomgetriebene Rasensprenger der dritten Generation. Ja, mein Lieber, die Firma Maßmann hat auch nicht geschlafen! Wir können nächste Woche mit den Arbeiten beginnen.«

»Aber…«

»Sehen Sie eine andere Lösung?«

»Nein, nein, aber…«

»Also, dann nächste Woche…! Herr Silberberg überwacht die Arbeiten, er ist sehr zuverlässig. Auf Wiedersehen, mein Lieber!«

Und schon stiegen die beiden Herren wieder in ihren Mercedes. Walter blieb minutenlang bei der Haustür stehen. Da klingelte das Telefon. Walter ging langsam hin und nahm den Hörer ab:

»Gottschalk…?«

»Köhler!«

»Wie…?«

»Hier spricht Köhler, Ihr Nachbar. Köhler!«

Fortsetzung folgt

»Habe ich mir gedacht!« Herr Willeke pfiff durch die Zähne.

A Bundesrepublik Deutschland

Lektion 8

Kiel

Schleswig-Holstein
2,6 Mio. Einw.

Hamburg
1,6 Mio. Einw.

Bremen
690000 Einw.

Niedersachsen
7,3 Mio. Einw.

Hannover

Nordrhein-Westfalen
17 Mio. Einw.

Düsseldorf

Berlin (West)
1,9 Mio. Einw.

Hessen
5,6 Mio. Einw.

Rheinland-Pfalz
3,6 Mio. Einw.

Wiesbaden

Mainz

Saarland
1,1 Mio. Einw.

Saarbrücken

Stuttgart

Bayern
10,9 Mio. Einw.

Baden-Württemberg
9,5 Mio. Einw.

München

Die Parteien im Bundestag

Verteilung der Sitze 1984	
CDU/CSU	244 Sitze (49,0%)
SPD	193 Sitze (38,8%)
FDP	34 Sitze (6,8%)
Die Grünen	27 Sitze (5,4%)

Die Bundeskanzler

Konrad Adenauer
(CDU – 1949–1963)

Ludwig Erhard
(CDU – 1963–1966)

Kurt Georg Kiesinger
(CDU – 1966–1969)

Willy Brandt
(SPD – 1969–1974)

Helmut Schmidt
(SPD – 1974–1982)

Helmut Kohl
(CDU – 1982–   )

Aus der Presse ... Aus der Presse ... Aus der Presse ... Aus der Presse ...

SCHLAGZEILEN

NRZ NEUE RHEIN ZEITUNG Zeitung für Düsseldorf

WZ Westdeutsche Zeitung
Die Überparteiliche   Düsseldorfer Nachrichten

Bald Wahlrecht für Gastarbeiter?

Fußballstar wegen Verletzung ins Krankenhaus drei Wochen

Preiskrieg in der Zigaretten- industrie

Kein Geld für das neue Stadion:
Fußballverein enttäuscht

Italienische Zollbeamte streiken für mehr Lohn

Verkehrsunfall in der Berliner Straße

Durch den Steuerskandal:
Regierungskrise in Portugal

Ärger an der Grenze:
300 Lastwagen müssen warten

Ausländer bald auch im Parlament?

Straßenbahn fuhr gegen einen Bus:
Außer dem Fahrer niemand verletzt

Leere Kassen im Rathaus:
Kein neuer Sportplatz

Bald neues Parlament in Lissabon?

Wegen seiner Knieoperation:
Ohne Rummenigge gegen den HSV

Raucher können jetzt sparen

1. Welche Schlagzeilen bringen die gleiche Nachricht?

Neue Rheinzeitung	Westdeutsche Zeitung
Preiskrieg in der Zigarettenindustrie Kein Geld ...	....

2. Welche Nachrichten gehören zu welcher Rubrik?

Nehmen Sie nur die Schlagzeilen einer Zeitung.

Sie lesen heute

Ausland	Seite 3
Wirtschaft	Seiten 9/10
Lokalteil	Seite 7
Innenpolitik	Seite 5
Sport	Seite 14

Wieder nichts über mich in der Zeitung!

1. Sehen Sie die Bilder an. Was ist da wohl passiert?

2. Welche Schlagzeilen passen zu den Bildern?

8.1.

Ergänzen Sie „durch", „für", „ohne", „gegen", „außer", „mit" oder „wegen".

a) Hochhaus fünf Stunden . . . Strom. Viele mußten im Aufzug warten.
b) Junge fand Briefumschlag . . . 10 000,– DM.
c) Pakete und Päckchen für Weihnachten bleiben . . . dem Poststreik liegen.
d) . . . einem Lebensmittel-Laden und einer Bäckerei gibt es keine Geschäfte. Der neue Stadtteil „Gernhof" ist noch immer . . . Einkaufszentrum.
e) 2000 Gastarbeiter demonstrieren . . . das neue Ausländergesetz. Sie wollen in der Bundesrepublik bleiben.
f) Fabrik . . . Feuer zerstört. 500 Angestellte jetzt . . . Arbeit.
g) . . . die Verkehrsprobleme im Stadtzentrum gibt es immer noch keine Lösung.

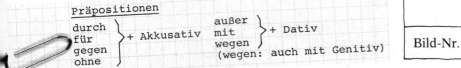

3. Interview

Ein Reporter hat vier Personen interviewt, die von den Ereignissen in den Schlagzeilen erzählen.

A. Hören Sie, was die Personen sagen.

B. Welches Interview paßt zu welcher Schlagzeile?

1.	a	b	c	d	e	f	g
2.	a	b	c	d	e	f	g
3.	a	b	c	d	e	f	g
4.	a	b	c	d	e	f	g

Welche Nachrichten haben Sie heute/gestern gehört oder gelesen?

Machen Sie mit Ihrem Nachbarn aktuelle Schlagzeilen zu Politik, Wirtschaft, Sport ...

Wo ist Krieg?
Wo gibt es eine Wahl?
Wo fehlt Geld?
Welche bekannte Frau bekommt ein Baby?
Wo ist der Friede in Gefahr?
Welcher Politiker besucht welches Land?
Wer streikt? Wo? Warum?
Wofür fehlt Geld?
Wer ist gestorben?
Wer ist ... meister geworden (Sport)?
Wo ist etwas Komisches passiert?

Lektion 8

B2

AUS DER PRESSE

① Grüne wollen weniger Geld
Während die Abgeordneten von CDU/CSU, FDP und SPD im Bundestag höhere Abgeordnetengehälter verlangen, sind die Grünen dagegen.

② Diskussion über neues Demonstrationsgesetz
Das neue, schärfere Demonstrationsgesetz der CDU/CSU/FDP-Bundesregierung wurde letzte Woche von der SPD und den Grünen stark kritisiert.

③ Landtagswahlen in Bayern
9 Millionen Bayern haben am letzten Sonntag ihren Landtag gewählt. Alter und neuer Ministerpräsident von Bayern ist Franz Josef Strauß.

④ Besuch aus Großbritannien
Der englische Kronprinz Charles und seine Frau Diana besuchen in dieser Woche die Bundesrepublik. Sie fuhren zuerst zur britischen Rheinarmee nach Paderborn und sind seit gestern in Bonn.

⑤ Streit zwischen Bundeskanzler und Wirtschaftsminister
In einer Fernsehdiskussion kritisierte der Wirtschaftsminister diese Woche den Bundeskanzler. Wegen der hohen Arbeitslosigkeit forderte er eine neue Wirtschaftspolitik.

⑥ Bundesrat kritisiert Mehrwertsteuergesetz
Der Bundesrat hat heute das neue Mehrwertsteuergesetz kritisiert. Die meisten Länder sind mit dem Gesetz nicht einverstanden, weil sie nach ihrer Meinung zu wenig Geld aus der Mehrwertsteuer bekommen.

ⓐ Der hessische Ministerpräsident erklärte im Bundesrat: »Die Geldprobleme der Länder dürfen nicht noch größer werden!« Jetzt muß der Bundestag einen neuen Vorschlag machen.

ⓑ Die Landtagswahlen in Bayern haben der CSU wieder fast 60 Prozent der Wählerstimmen gebracht. Die FDP bekam weniger als 5 Prozent und ist nicht mehr im bayrischen Landtag. Zur Wahlparty in München kamen auch viele Politiker von der Schwesterpartei CDU.

ⓒ Sie wollen sogar die Hälfte von dem Geld, das sie jeden Monat bekommen, ihrer Partei geben. Dieses Geld soll dann für die politischen Projekte der Grünen ausgegeben werden.

ⓓ Die beiden Parteien sind der Meinung, daß das neue Gesetz demokratische Grundrechte verletzt. Auch einige FDP-Bundestagsabgeordnete sind mit dem neuen Gesetz nicht einverstanden.

ⓔ Nach einem Mittagessen mit dem Bundespräsidenten im Schloß Brühl machten sie einen Spaziergang durch die Bundeshauptstadt.

ⓕ Der Sprecher der Bundesregierung sagte dazu in einem Interview, daß nicht ein Minister, sondern der Bundeskanzler die Politik bestimmt.

1. Setzen Sie die Teile der Zeitungstexte richtig zusammen.

1	2	3	4	5	6

2. Was wissen Sie über das politische System in der Bundesrepublik?

8.2.

Parteien, Wahlen, Bundeskanzler, . . .

Das politische Wahlsystem in der Bundesrepublik Deutschland

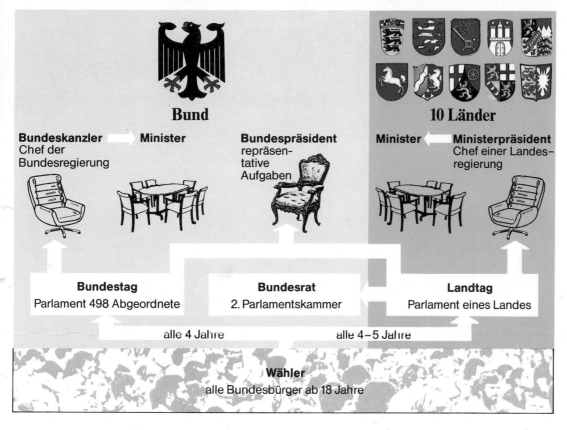

Bund | **10 Länder**

Bundeskanzler
Chef der
Bundesregierung

→ **Minister**

Bundespräsident
repräsen-
tative
Aufgaben

Minister ← **Ministerpräsident**
Chef einer Landes-
regierung

Bundestag
Parlament 498 Abgeordnete

Bundesrat
2. Parlamentskammer

Landtag
Parlament eines Landes

alle 4 Jahre · alle 4–5 Jahre

Wähler
alle Bundesbürger ab 18 Jahre

1. Interview auf der Straße

A. Hören Sie die Interviews.
B. Wie sind die Antworten der Personen? (r = richtig, f = falsch, ? = er/sie weiß es nicht)

Der Bundestag hat 498 Abgeordnete.
Der Bundeskanzler ist Regierungschef.
Der Bundeskanzler wird vom Bundestag gewählt.
Der Bundesrat ist die zweite Parlamentskammer.

	Mann	Frau	Kind

2. Berichten Sie über das Wahlsystem in Ihrem Land.

Wie heißt das Parlament? Wie oft wird es gewählt? Gibt es Regionalparlamente?
Wer ist der Regierungschef? Wer wählt oder bestimmt ihn? Wer ist der Staatschef?

1

POLITIK-QUIZ

1 Die Bundesrepublik gibt es seit
- a ☐ 1933
- b ☐ 1945
- c ☐ 1949

2 DDR heißt
- a ☐ Deutsche Demokratische Republik
- b ☐ Direkte Demokratische Republik
- c ☐ Demokratisches Deutsches Reich

3 Die Bundesrepublik ist eine
- a ☐ parlamentarische Demokratie
- b ☐ sozialistische Republik
- c ☐ Monarchie

4 Die DDR ist eine
- a ☐ parlamentarische Demokratie
- b ☐ sozialistische Republik
- c ☐ Monarchie

5 Die Bundesrepublik und die DDR haben
- a ☐ das gleiche politische System
- b ☐ das gleiche Wirtschaftssystem
- c ☐ verschiedene politische und wirtschaftliche Systeme

6 Die Bundesrepublik ist
- a ☐ ein neutraler Staat
- b ☐ ein Bündnispartner der UdSSR
- c ☐ ein Bündnispartner der USA

7 Die DDR ist
- a ☐ ein neutraler Staat
- b ☐ ein Bündnispartner der UdSSR
- c ☐ ein Bündnispartner der USA

8 Willy Brandt war von 1969 bis 1974
- a ☐ Außenminister der BRD
- b ☐ Bundeskanzler der BRD
- c ☐ Bundespräsident der BRD

9 Die beiden größten Parteien in der BRD heißen
- a ☐ CDU und FDP*
- b ☐ SPD und FDP
- c ☐ CDU und SPD

10 Der Bundes- kanzler der BRD heißt heute
- a ☐ Helmut Kohl (CDU)
- b ☐ Helmut Schmidt (SPD)
- c ☐ ....

* CDU = Christlich Demokratische Union
SPD = Sozialdemokratische Partei Deutschlands
FDP = Freie Demokratische Partei

Lösung Seite 153

Die Wiedervereinigung

Ostermarsch – Duisburg nach Dortmund, 1962

Ein wichtiges politisches Thema der deutschen Nachkriegsgeschichte

Seit 1949, vier Jahre nach dem 2. Weltkrieg, gibt es zwei deutsche Staaten: Die Deutsche Demokratische Republik (DDR) im Osten und die Bundesrepublik Deutschland im Westen.

Obwohl sie eigene Regierungen haben, sind die beiden Staaten in dieser Zeit nicht selbständig: In der DDR bestimmt die Sowjetunion die Politik, in der Bundesrepublik sind es Großbritannien, Frankreich und besonders die USA.

Im März 1952 schlägt die Sowjetunion den USA, Großbritannien und Frankreich einen Friedensvertrag für Deutschland vor. Die DDR und die Bundesrepublik sollen zusammen wieder ein selbständiger deutscher Staat werden. Für diese Wiedervereinigung verlangt die Sowjetunion, daß Deutschland neutral sein soll. Aber die West-Alliierten (USA, Großbritannien und Frankreich) sind gegen diesen Plan. Sie wollen einen Staat, der zum Westen gehört. Ein neutrales Deutschland, so glauben sie, wäre von der Sowjetunion abhängig. Auch die CDU/CSU/FDP-Regierung unter Bundeskanzler Adenauer ist gegen einen neutralen deutschen Staat. Nur die SPD glaubt, daß dies ein Weg zur Wiedervereinigung der DDR und der Bundesrepublik ist.

Nach 1952 werden die Unterschiede zwischen den beiden deutschen Staaten immer größer. Die DDR und die Bundesrepublik bekommen 1956 wieder eigene Armeen. Die DDR wird Mitglied im Warschauer Pakt und die Bundesrepublik in der Nato. Besonders in der Bundesrepublik protestieren sehr viele Menschen zwischen 1952 und 1958 gegen eine neue Armee und gegen Atomwaffen.

Während der Zeit des »Kalten Krieges« von 1952 bis 1969 gibt es nur Wirtschaftskontakte, aber keine politischen Kontakte zwischen den beiden deutschen Staaten. Die Bundesregierung und die West-Alliierten sind der Meinung, daß nur die Bundesregierung für das ganze Deutschland sprechen kann. Politische Gespräche zwischen den beiden deutschen Regierungen sind erst seit der ersten SPD/FDP-Regierung 1969 möglich. Im Jahre 1972 unterschreiben die DDR und die Bundesrepublik einen »Grundlagenvertrag«. In diesem Vertrag wird zum ersten Mal offiziell bestätigt, daß es zwei selbständige deutsche Staaten gibt. Die politischen und wirtschaftlichen Kontakte zwischen der DDR und der Bundesrepublik werden seit diesem Vertrag besser. Auch dürfen seit 1972 mehr Bundesdeutsche ihre Verwandten in der DDR besuchen.

Trotzdem sind die DDR und die Bundesrepublik immer noch keine normalen Nachbarstaaten, denn die deutsche Frage ist bis heute offen. Für die DDR gibt es zwei deutsche Staaten und auch zwei verschiedene Nationen; für die Bundesrepublik zwei deutsche Staaten, aber nur eine deutsche Nation.

DGB-Demonstration – Essen, 1. Mai 1955

Deutsche gegen Deutsche? Nein!

Darum verhandeln!

1. Erstellen Sie eine Zeitleiste.

1949	Es gibt zwei deutsche Staaten.	1952–1969	...
1952	Die Sowjetunion ...	1969	...
1956	...	1972	...
1952–1958	...		

2. Seit – zwischen – nach – in – vor – von ... bis – bis.

a) ... 1969 gibt es keine politischen Kontakte zwischen der Bundesrepublik und der DDR. 8.1.
b) Die Bundesrepublik und die DDR gibt es ... 1949.
c) ... 1949 ... 1963 ist Adenauer Bundeskanzler.
d) Erst ... dem „Kalten Krieg" gibt es politische Gespräche zwischen den beiden deutschen Staaten.
e) ... 1949 und 1969 ist die Zeit des „Kalten Krieges".
f) ... dem „Grundlagenvertrag" sind die Beziehungen zwischen den beiden deutschen Staaten besser.
g) ... Jahre 1956 bekommen die beiden deutschen Staaten wieder eigene Armeen.
h) ... der Adenauer-Zeit demonstrieren Tausende gegen eine neue deutsche Armee und gegen Atomwaffen.

3. Wegen – gegen – für.

a) ... dem Ost-West-Konflikt gibt es seit 1949 zwei deutsche Staaten. 8.2.
b) Die Sowjetunion ist 1952 ... einen neutralen deutschen Staat.
c) 1955 protestieren in der Bundesrepublik sehr viele Menschen ... die Nato und eine neue deutsche Armee.
d) Die West-Alliierten und die Bundesregierung sind 1952 ... einen neutralen deutschen Staat.
e) ... dem „Kalten Krieg" gibt es bis 1969 keine politischen Gespräche zwischen der DDR und der Bundesrepublik.
f) ... dem „Grundlagenvertrag" sind die Kontakte zwischen den Menschen in der DDR und der Bundesrepublik besser.

4. Schreiben Sie einen kleinen Text zur neueren politischen Geschichte Ihres Landes.

– Machen Sie zuerst eine Zeitleiste.
– Wählen Sie nur wenige wichtige Daten.

Die Gefährlichkeit der Rasensprenger (8)

Walter brauchte einen Moment, um zu verstehen, daß er mit dem Besitzer des Herkules sprach.

»Sind Sie noch da?« fragte Herr Köhler.

»Ja«, sagte Walter, »ich höre. Was kann ich für Sie tun?«

»Ich weiß nicht, ob Sie etwas für mich tun können«, antwortete Herr Köhler, »und ich weiß auch nicht, ob ich etwas für Sie tun kann. Aber vielleicht können wir uns einmal treffen?«

»Vielleicht…«, sagte Walter.

»Sagen wir – in acht Tagen?«

»Warum nicht…«

»Bei Ihnen oder bei mir?«

Walter überlegte. Nur jetzt keinen Fehler machen!

»Ich schlage vor«, sagte er, »wir treffen uns am Zaun, zwischen unseren Grundstücken.«

Auch Herr Köhler überlegte.

»Gut«, sagte er dann, »heute in acht Tagen, genau um diese Zeit, am Zaun.«

Als Walter ins Wohnzimmer zurückging, saß die ganze Familie am Tisch. Er hatte plötzlich starke Kopfschmerzen. Er hoffte, daß Lilo etwas sagen würde – aber sie sagte nichts.

»Morgen früh ist Altpapier-Sammlung«, sagte er, »wir dürfen nicht vergessen, unsere Zeitungen

»Ich schlage vor«, sagte er, »wir treffen uns am Zaun, zwischen unseren Grundstücken.«

vor die Tür zu legen.« Niemand antwortete. Oma brach das allgemeine Schweigen:

»Ich bin eine alte Frau«, sagte sie, »und ich verstehe nicht mehr alles. Aber eines habe ich in meinem Leben verstanden: man darf den Menschen keine Angst machen.«

»Aber darum geht es doch gar nicht!«

Walter war gereizt. Er mochte Lilos Mutter, und in diesem Augenblick beneidete er sie um ihr Alter, um ihre Ruhe und darum, daß sie morgens mit einer Tasse Tee zufrieden war.

»Vielleicht geht es doch darum!« sagte Lilo.

Walter stand auf.

»Ich habe Kopfschmerzen…«

Er hatte jetzt nur noch einen Wunsch: schlafen. Nichts mehr hören, nichts mehr sehen – nur noch schlafen.

»Und wie soll es weitergehen?« fragte Lilo ruhig. »Hast du uns gar nichts zu sagen?«

»Wer A sagt, muß auch B sagen«, antwortete Walter. »Vor allem darf ich jetzt keinen Fehler machen.«

Fortsetzung folgt

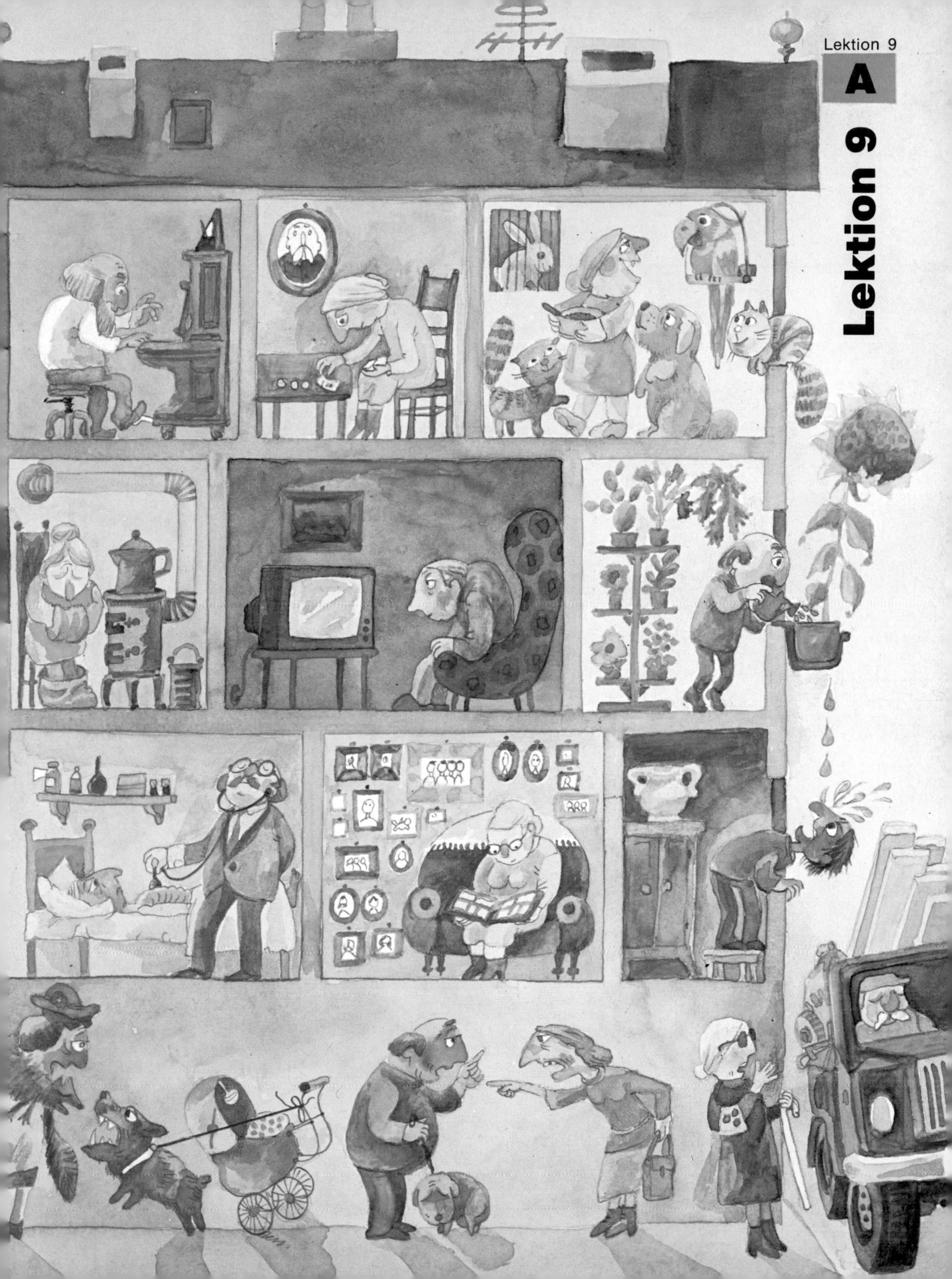

B1

Jung und alt unter einem Dach?

Lesen Sie, was unsere Leser zu diesem Thema schreiben.

Wir wohnen seit 4 Jahren mit meiner Mutter zusammen, weil mein Vater gestorben ist. Sie kann sich überhaupt nicht mehr helfen: Sie kann sich nicht mehr anziehen und ausziehen, ich muß sie waschen und ihr das Essen bringen. Deshalb mußte ich vor zwei Jahren aufhören zu arbeiten. Ich habe oft Streit mit meinem Mann, weil er sich jeden Tag über Mutter ärgert. Wir möchten sie schon lange in ein Altersheim bringen, aber wir finden keinen Platz für sie. Ich glaube, unsere Ehe ist bald kaputt.

Eva Simmet, 32 Jahre

Viele alte Leute sind enttäuscht, wenn sie alt sind und allein bleiben müssen. Muß man seinen Eltern nicht danken für alles, was sie getan haben? Manche Familien wären glücklich, wenn sie noch Großeltern hätten. Die alten Leute können im Haus und im Garten arbeiten, den Kindern bei den Schulaufgaben helfen, ihnen Märchen erzählen oder mit ihnen ins Kino oder in den Zoo gehen. Die Kinder freuen sich darüber, und die Eltern haben dann auch mal Zeit für sich selber.

Irene Kahl, 35 Jahre

Wir freuen uns, daß wir mit den Großeltern zusammen wohnen können. Unsere Kinder wären sehr traurig, wenn Oma und Opa nicht mehr da wären. Und die Großeltern fühlen sich durch die Kinder wieder jung. Natürlich gibt es auch manchmal Probleme, aber wir würden die Eltern nie ins Altersheim schicken. Sie gehören doch zu uns. Die alten Leute, die im Altersheim leben müssen, sind oft so unglücklich, weil niemand sie besucht und niemand ihnen zuhört, wenn sie Probleme haben.

Franz Meuler, 42 Jahre

Seit meine Frau tot ist, lebe ich ganz allein. Ich möchte auch gar nicht bei meiner Tochter in Stuttgart wohnen; ich würde sie und ihre Familie nur stören. Die jungen Leute brauchen ihre Freiheit. Zum Glück kann ich mir noch ganz gut helfen. Ich wasche mir meine Wäsche, gehe einkaufen und koche mir mein Essen. Einmal in der Woche gehe ich in den Altenclub, weil ich mich gern mit den Leuten dort unterhalte. Sonst bin ich viel allein, aber ich will mich nicht beschweren. Meine Tochter schreibt mir oft Briefe und besucht mich, wenn sie Zeit hat. Ich wünsche mir nur, daß ich gesund bleibe und nie ins Altersheim muß.

Wilhelm Preuß, 74 Jahre

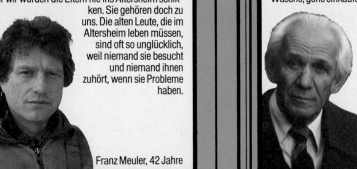

Unser Diskussionsthema für nächste Woche: Wann darf ein Kind allein in den Urlaub fahren? Schreiben Sie uns Ihre Meinung, und schicken Sie ein Foto mit.

1. Wer meint was?

	Herr ?	Frau ?	
			9.4.

a) Alte Leute und Kinder können nicht gut zusammen leben.
b) Probleme mit den Großeltern sind nicht schlimm.
c) Alte Leute sollen nicht allein bleiben.
d) Alte Leute stören oft in der Familie.
e) Alte Leute gehören ins Altersheim.
f) Großeltern können viel für die Kinder tun.
g) Es ist schwierig, mit alten Leuten zusammen zu wohnen.
h) Großeltern gehören zur Familie.
i) Manche Familien sind ohne Großeltern traurig.

2. Was schreibt Herr Preuß? Erzählen Sie.

> Seit seine Frau tot ist, lebt er ganz allein.
> Er möchte nicht bei seiner Tochter in Stuttgart wohnen, denn ...

9.1a), b)

Reflexivpronomen

Ich	ärgere	mich.	Akku-
Er/Sie	ärgert	sich.	sativ

(sich ausziehen, waschen, beschweren, unterhalten, jung fühlen)

Ich	helfe	mir.	
Er/Sie	hilft	sich.	Dativ

(sich wünschen, Essen kochen, Wäsche waschen)

Erzählen Sie auch, was die anderen Personen sagen.

3. Sollen Großeltern, Eltern und Kinder zusammen in einem Haus leben?

Was meinen Sie? Diskutieren Sie im Kurs.

Ja,	weil ...
Nein,	wenn ...
	obwohl ...
	aber ...

das Familienleben stören   nicht allein sein   Probleme bekommen
aktiv sein   wichtig für die Kinder sein   mit den Kindern spielen   krank sein   weiterarbeiten   den Kindern helfen
Platz im Haus haben
die Eltern lieben   Streit bekommen   sich jung fühlen   gesund sein

Ein schöner Lebensabend

Im Seniorenheim »Abendfrieden« wird dieser Wunsch wahr. In hellen, freundlichen Kleinappartements, zum Teil mit Balkon, können unsere Pensionäre sich so einrichten, wie sie gern möchten – mit ihren eigenen Möbeln. Allein ist man bei uns nur dann, wenn man allein sein möchte. Eine Krankenschwester und ein Arzt sind immer da, wenn Hilfe gebraucht wird.

Schreiben Sie für nähere Informationen an

Seniorenheim »Abendfrieden«, Sekretariat Friedrichstraße 7, 7000 Stuttgart 12

> Was heißt alt? Ich bin 278 Jahre jung!

1. Seniorentreffen

A. Hören Sie die Gespräche von der Cassette.
B. Notieren Sie die Angaben zu jeder der 4 Personen.
a) Wie alt sind die drei Rentner und die Rentnerin?
b) Welchen Beruf hatten die Personen früher?
c) In welchem Alter haben sie aufgehört zu arbeiten?
d) Wieviel Rente bekommen sie im Monat?
e) Wohnen sie im Altersheim, bei ihren Kindern oder
   in einer eigenen Wohnung?
f) Sind sie verheiratet, ledig oder verwitwet?

Rentenversicherung in der Krise

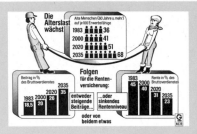

Die Rentenversicherung wird in den nächsten 50 Jahren große Probleme haben. Weil die Deutschen immer früher Rente bekommen (1983 durchschnittlich mit 59 Jahren) und es immer mehr alte Menschen über 60 gibt, muß die Rentenversicherung unbedingt sparen. Es gibt zwei Lösungen: Entweder die Arbeitnehmer und die Arbeitgeber zahlen mehr für die Rentenversicherung (1983 je 9,25 Prozent des Monatsgehalts) oder die Rentner bekommen weniger Rente (1983 durchschnittlich 45 Prozent des Monatsgehalts).

2. Rechnen Sie.

Wie hoch ist eine Rente durchschnittlich, wenn man 3000,– DM verdient? Wieviel Rentenversicherung muß ein Arbeitnehmer ungefähr bezahlen, wenn er 3000,– DM verdient?

3. Diskutieren Sie.

Wie kann man die Probleme der Rentenversicherung vielleicht lösen? Sie können folgende Wörter und Sätze verwenden.

Man kann ...   Ich würde ...
Ich schlage vor/meine, daß ...

Sicher, das geht, aber ...

Ich finde es | besser, wenn ...
Es wäre

Das ist keine gute Lösung, | weil ...
Das ist Unsinn,

selbst Geld für das Alter sparen

mehr Kinder bekommen

die Familie soll den alten Leuten Geld geben

höhere Beiträge verlangen

arbeiten bis 70 Jahre

weniger Rente bekommen

weniger Geld für die | Armee | ausgeben
                     | Kultur
                     | ...

Endlich ist mein Mann zu Hause

Herr Bauer, 64, war Möbelschreiner.
Vor einem Jahr ist er in Rente gegangen.
Was tut ein Mann, wenn er endlich
nicht mehr arbeiten muß? Er wird Chef
im Haus, wo vorher die Frau regierte.
Wie das aussieht, erzählt (nicht ganz
ernst) Frau Bauer.

So lebte ich, bevor mein Mann Rentner wurde: Neben dem Haushalt hatte ich viel Zeit zum Lesen, Klavier spielen und für alle anderen Dinge, die Spaß machen. Mit meinem alten Auto (extra für mich) fühlte ich mich frei. Ich konnte damit schnell ins Schwimmbad, in die Stadt zum Einkaufen oder zu einer Freundin fahren.

Heute ist das alles anders: Wir haben natürlich nur noch ein Auto. Denn mein Mann meint, wir müssen jetzt sparen, weil wir weniger Geld haben. Deshalb bleibt das Auto auch meistens in der Garage. Meine Einkäufe mache ich jetzt mit dem Fahrrad oder zu Fuß. Ziemlich anstrengend, finde ich. Aber gesund, meint mein Mann. In der Küche muß ich mich beeilen, weil das Mittagessen um 12 Uhr fertig sein muß. Ich habe nur noch selten Zeit, morgens die Zeitung zu lesen. Das macht jetzt mein Mann. Während er schläft, backe ich nach dem Mittagessen noch einen Kuchen (mein Mann findet den Kuchen aus der Bäckerei zu teuer) und räume die Küche auf.

Weil ihm als Rentner seine Arbeit fehlt, sucht er jetzt immer welche. Er schneidet die Anzeigen der Supermärkte aus der Zeitung aus und schreibt auf einen Zettel, wo ich was am billigsten kaufen kann. Und als alter Handwerker repariert er natürlich ständig etwas: Letzte Woche einen alten Elektroofen und fünf Steckdosen. Oder er arbeitet im Hof und baut Holzregale für das Gästezimmer unter dem Dach. Ich finde das eigentlich ganz gut. Aber leider braucht er wie in seinem alten Beruf einen Assistenten, der tun muß, was er sagt. Dieser Assistent bin jetzt ich. Den ganzen Tag höre ich: »Wo ist...?«, »Wo hast du...?«, »Komm doch mal!«, »Wo bist du denn?« Immer muß ich etwas für ihn tun. Eine Arbeit muß der Rentner haben!

So sieht Frau Bauer die neue Situation.

Was glauben Sie, was würde wohl Herr Bauer schreiben? Worüber ärgert er sich? Worüber regt er sich auf?

B2

9.3.

1. „Immer will er etwas!"

Erika, ich brauche das Werkzeug. Bringst du mir das mal?

Ich backe gerade einen Kuchen. Kannst du es Dir nicht selbst holen?

Antja! Kannst du mir das bringen?

Moment! Ich bringe es Dir gleich.

Personalpronomen

Bringst du es mir?
Bringst du mir das?

Definitpronomen

Pflaster	Farbe	Papier	Seife	Zigaretten	Holz	Brille	bringen
Öl	Kugelschreiber	Lampe	Bleistift	Bürste	Messer		suchen
							holen
							geben

2. Sicher kennen Sie auch alte Leute in Ihrem Land.

Wie leben sie? Was machen sie?

morgens	im Garten arbeiten	viel schlafen	sich mit	Freunden	treffen
mittags				Bekannten	
nachmittags	auf die Kinder aufpassen	Verwandte besuchen			viel reisen
abends	telefonieren				
jeden Tag	allein sein	den Kindern helfen		Karten spielen	
immer	Musik hören				
gewöhnlich	Briefe schreiben	immer zu Hause bleiben			
manchmal	Spaziergänge machen	sich unterhalten	lesen		
meistens	in einem ...-Verein sein	noch arbeiten	viel Besuch haben		
oft					

Leute von heute

HEINRICH WINTER, Rentner, sucht jetzt, nach vierzig Jahren Büroarbeit als Versicherungskaufmann, Freiheit und Abenteuer. Er hat sein Haus in Michelstadt und seine Möbel verkauft und fährt jetzt mit einem gebrauchten Wohnwagen und einem Kanu durch Afrika. Er will dabei »kein einziges Mal an Europa oder an Deutschland denken«.

KIRSTEN SÖRENSEN, frisch verheiratete Laborantin, und ihr Mann Jens Nielsen, starteten fliegend in die Ehe:

Im Moment macht er eine Foto-safari.

△ Der ist doch ein bißchen verrückt, findest du nicht? So könnte ich nicht leben, wenn ich alt wäre.

○ Na ja, ich finde die Idee gar nicht so schlecht. Was würdest du denn machen, wenn du Rentner wärst?

△ Ich glaube, ich würde jeden Tag lange schlafen und viele Bücher lesen.

○ Dazu hätte ich auch Lust. – Oder ich würde mir ein Haus am Meer kaufen und viel spazieren gehen.

Das ist doch Unsinn.	Mir gefällt das.
Wie kann man nur so etwas machen?	Warum soll er das nicht machen?
Ich würde das nie machen!	Wie möchtest du denn später leben?
So eine verrückte Idee!	Was würdest du denn als Rentner machen?

Ich würde	alte Autos reparieren.	Das würde ich auch gerne.
	im Garten arbeiten.	Das würde mir auch gefallen.
	ein Buch schreiben.	Vielleicht würde ich auch
	immer im Café sitzen.	eine neue Sprache lernen.
	. . .	jeden Tag schwimmen gehen.
		einen großen Hund kaufen.
		. . .

In einem Hamburger »Tanzsalon« haben sie sich 1910 kennengelernt und noch vor dem Ersten Weltkrieg geheiratet: Marianna und Adolf Jancik. Als Schlosser hatte er damals einen Wochenlohn von 38 Mark. »Wenn du deine Arbeit hast, dein Essen und Trinken: Was soll da schwierig sein«, sagt der 93jährige im Rückblick auf seine lange Ehe. Seine 90jährige Frau ist stolz auf ihren Eherekord: »70 Jahre lang jeden Tag Essen kochen – das soll mir erst einer nachmachen!« Das Erinnerungsfoto stammt von der goldenen Hochzeit der beiden im Jahr 1964.

»DIE EIS

Viele Paare feiern nach 25 Ehejahren die »Silberne Hochzeit«, nur noch wenige nach 50 Ehejahren die »Goldene Hochzeit«. Und ganz wenige Glückliche können nach 65 gemeinsam erlebten Jahren die »Eiserne Hochzeit« feiern. Unser Reporter hat drei »eiserne« Paare besucht und mit ihnen gesprochen.

»Liebe Ilona! Glaube mir, ich liebe immer nur Dich. Dein Xaver«. Das hat Xaver Dengler seiner späteren Frau 1912 auf einer Postkarte geschrieben. Die »Liebe für immer« haben schon viele Männer versprochen, aber Xaver Dengler ist nach 70 Jahren wirklich noch mit seiner Ilona zusammen. Sie sitzen in ihrer Drei-Zimmer-Wohnung und lesen ihre alten Liebesbriefe. »Ich hätte keinen anderen Mann geheiratet«, sagt Ilona. »Und ich keine andere Frau«, sagt Xaver. Als sie sich kennenlernten, war sie 14 Jahre alt und er 18. »Das war so«, erzählt Frau Dengler, »meine Schwester und ich konnten schön singen. Wir haben im Garten vor unserem Haus gesessen. Und da ist der Xaver mit einem Freund vorbeigekommen. Sie haben zugehört, wie wir gesungen haben, und dann haben sie gefragt, ob sie sich zu uns setzen dürfen. So hat alles angefangen.« »Ja, das ist wahr«, sagt er und lacht,

»Bei uns kann man wirklich sagen, es war Liebe auf den ersten Blick«, meint Heinrich Rose. Als er und seine spätere Frau Margarethe sich im Jahr 1921 verlobten, war er noch Student. Zwei Jahre später, bei der Hochzeit, arbeitete er schon als Jurist bei einer Bank.

So gut er kann, hilft der 88jährige seiner 87jährigen Frau im Haushalt. Seine Liebeserklärung heute: »Ich würd' dich noch mal heiraten, bestimmt…« Die längste Zeit der Trennung in über 60 Ehejahren? »Sieben Tage warst du einmal allein verreist«, sagt sie, »eine schreckliche Woche!«

ERNEN«

»aber mich habt ihr nie mitsingen lassen.«
Als sie 1916 heirateten, war das erste Kind schon da. »Die Leute im Dorf haben natürlich geredet, aber meine Familie hat es Gott sei Dank akzeptiert. Es war damals Krieg. Wir mußten warten, bis Xaver Heiratsurlaub bekam«, erzählt Frau Dengler. »Ganz so ungewöhnlich war das damals wohl nicht«, meint Herr Dengler. »Die Leute haben es schon verstanden. Nur, geredet haben sie trotzdem.«
70 gemeinsame Jahre – waren Ilona und Xaver das ide-

ale Ehepaar? Eine Traumehe war es wohl nicht. »Er ist jeden Sonntag zum Wandern in die Berge gegangen, und ich war allein zu Hause mit den Kindern. Beim Wandern waren auch Mädchen dabei, das habe ich gewußt. Da habe ich mich manchmal geärgert. Ob er eine Freundin hatte, weiß ich nicht. Ich habe ihn nie gefragt.« Xaver: »Ich hätte es dir auch nicht gesagt. Aber wir beide haben uns doch immer gern gehabt.« Streit haben sie nie gehabt, sagen Xaver und Ilona. Nur einmal, aber das war schnell vorbei. »Ja, du

warst immer ein guter Mann, Xaver«, sagt Ilona.
Was kann man sich noch erzählen, wenn man schon 65 Jahre lang verheiratet ist? Für die Denglers ist das offenbar kein Problem. Ihre Tochter, die bei ihnen wohnt, hört die alten Leute im Bett oft noch stundenlang reden.

1. Was sagen die alten Leute?

a) über ihre Ehepartner?   b) über ihre Ehe?   c) über ihr gemeinsames Leben?

2. Was steht im Text über Xaver und Ilona? Erzählen Sie im Kurs. Hier sind Stichworte.

– schon 70 Jahre – immer noch – Alter, als sie sich kennenlernten – wie kennengelernt? –
Kind schon vor der Ehe – Traumehe? – Wochenende allein – Freundin – Streit – sich viel
erzählen – . . .

Xaver und Ilona haben sich vor 70 Jahren kennengelernt. Jetzt sind sie . . .

3. Kürzen Sie den Text über Xaver und Ilona.

Kürzen Sie den Text so, daß er nicht länger ist als die Texte zu den beiden anderen Paaren.

4. Nach wie vielen Ehejahren feiert man in Ihrem Land ein Familienfest?

Auch nach 25, 50 und 65 Jahren? Wie heißen diese Feste?

5. Auch eine Liebesgeschichte

9.2.

Ich bin 65 Jahre alt und fühle mich seit dem Tod
meiner Frau sehr einsam. Welche liebe Dame
(Nichtraucherin) möchte sich einmal mit mir
treffen? Ich bin ein guter Tänzer, wandere gern
und habe ein schönes Haus im Grünen.
Tel. 77 53 75

Erzählen Sie die Liebesgeschichte.
Verwenden Sie folgende Wörter.

Am Anfang	Deshalb
Dann	Schließlich
Später	Am Schluß

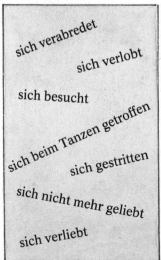

sich verabredet

sich verlobt

sich besucht

sich beim Tanzen getroffen

sich gestritten

sich nicht mehr geliebt

sich verliebt

Die Gefährlichkeit der Rasensprenger (9)

Und dann ging alles sehr schnell. Am Montag, schon um halb acht Uhr morgens, hielt vor dem Hause der Gottschalks ein großer Lastwagen. Arbeiter fingen an, schwere Steine in den Garten zu tragen. Die Kinder waren schon auf dem Weg zur Schule, Lilo war im Bad, und Walter wollte gerade frühstücken.

»Hören Sie!« sagte er zu einem der Arbeiter, der offenbar die Anweisungen gab, »Was soll das? Wer sind Sie überhaupt?«

»Und wer sind Sie?« fragte der Arbeiter.

»Gottschalk ist mein Name!«

»Ah, gut, daß Sie da sind«, sagte der Arbeiter, »dann können Sie uns gleich sagen, ob Sie oben auf der Mauer Stacheldraht haben wollen. Der Meter siebzehn Mark achtzig, inklusive Installation, ohne Mehrwertsteuer.«

»Was denn... was denn für eine Mauer...« stammelte Walter.

In diesem Augenblick kam Herr Silberberg, der Mitarbeiter von Herrn Willeke.

»Alles klar?« fragte er den Arbeiter.

»Die Erde ist ziemlich locker«, sagte der Arbeiter, »ich denke, daß wir einen halben Meter Tiefe brauchen für das Betonfundament.«

»Herr Silberberg...!« Walters Stimme zitterte, »wollen Sie mir nicht endlich erklären...«

»Das sind die Leute der Firma Hartmann«, sagte Herr Silberberg trocken, »spezialisiert auf den Bau von Schutzmauern. Sie brauchen eine Höhe von vier Metern – so sind die Sicherheitsvorschriften für Atom-Aggregate.«

Walter rief in seinem Büro an und meldete sich krank. Am Dienstag war die Mauer schon einen Meter hoch, am Mittwochmittag zwei Meter fünfzig. Walter dachte daran, daß er sich am späten Mittwochnachmittag mit seinem Nachbarn Köhler treffen wollte, am Zaun. Aber es war zu spät. Die Mauer war schon so hoch, daß eine Verständigung nicht mehr möglich war. »Ist ja auch egal«, dachte Walter.

Der Garten sah aus wie nach einem Krieg: überall Löcher, Steine und Betonreste, Sträucher und Blumen ausgerissen.

In der Nacht von Mittwoch auf Donnerstag schlief Walter sehr schlecht. Als er gegen 9 Uhr zum Frühstück kam, war der Tisch leer. Nur Oma, Lilos Mutter, saß am Tisch und trank ihren Tee.

»Lilo ist mit den Kindern aufs Land gefahren, zu ihrer Schwester«, sagte Oma. »Sie haben das Wichtigste mitgenommen. Ich soll dir sagen, daß es ihr leid tut.«

Walter nickte müde.

»Ich verstehe... Und du? Bist du wegen mir geblieben?«

»Nein«, sagte die alte Frau, »ich mag nicht mehr fliehen. Ich möchte, wenn es möglich ist, gern in meinem Zimmer bleiben.«

Fortsetzung folgt

— Nur Oma, Lilos Mutter, saß am Tisch und trank ihren Tee.

Lektion 10

LE PENSEVR

Reime-Baukasten

A Reime mit »..and/..ant«

a) Mein Boot liegt dort unten am Strand.
b) Schon zieht der Sommer übers Land.
c) Weich und warm ist hier der Sand.
d) Die blaue Blume in deiner Hand.

e) Ein Bild von dir an meiner Wand.
f) Du weißt, daß ich es nie verstand.
g) Wo gestern Baum und Haus noch stand.
h) Du glaubst, du hättest mich gekannt.

B Reime mit »..eit/..eid«

a) Hast du heute für mich Zeit?
b) Der Frühling trägt ein buntes Kleid.
c) Der Fluß ist hier so tief und breit.
d) Bis morgen haben wir noch Zeit.

e) Meine Worte tun mir leid.
f) Noch sieben Stunden. Der Weg ist weit.
g) Hörst du die Vögel? Sie haben Streit.
h) Ein Kind ruft laut: »Es schneit! Es schneit!«

C Reime mit »..ir/..ihr/..ier«

a) Ich bin schon seit zwei Jahren hier.
b) Vor mir liegt ein Brief von dir.
c) Ich bin allein. Du bist nicht hier.
e) Ich sehe Fische unter mir.

e) Gehört der kleine Hund zu ihr?
f) Mein Abendessen: drei Glas Bier.
g) Ich zähle die Wolken. Es sind nur vier.
h) Die Stadt ist leer. Kein Mensch, kein Tier.

1. Machen Sie aus den Sätzen kleine Gedichte.

Finden Sie auch einen Titel. Zum Beispiel:

Allein im Sommer
Vor mir liegt ein Brief von dir.
Du glaubst, du hättest mich gekannt.
Ich zähle die Wolken. Es sind nur vier.
Schon zieht der Sommer übers Land.

2. Sie können die Reime auch anders ordnen.

Zum Beispiel:

...Land		...Land		...Wand
...Wand	oder	...hier	oder	...stand
...hier		...vier		...Hand
...vier		...Wand		...Sand

3. Wenn Sie möchten, verändern Sie die Sätze.

Zum Beispiel:

Mein Haus steht dort unten am Strand.
Ich liege mit dir am Strand.
Kommst du mit an den Strand?
. . .

4. Machen Sie selbst noch neue Reime dazu.

Zum Beispiel mit:

...Mai
....frei
....vorbei
....zwei
....drei

Themen zwei ist fast vorbei. Ich fliege jetzt zu Themen drei!

B1

2

Herbsttag

(...)
Wer jetzt kein Haus hat, baut sich keines mehr.
Wer jetzt allein ist, wird es lange bleiben,
wird wachen, lesen, lange Briefe schreiben
und wird in den Alleen hin und her
unruhig wandern, wenn die Blätter treiben.
(...)
Rainer Maria Rilke (1875–1926)

(...)
Im wunderschönen Monat Mai,
Als alle Knospen sprangen,
Da ist in meinem Herzen
Die Liebe aufgegangen.

Im wunderschönen Monat Mai,
Als alle Vögel sangen,
Da hab ich ihr gestanden
Mein Sehnen und Verlangen.
(...)
Heinrich Heine (1797–1856)

Vergänglichkeit

(...)
Vom Baum des Lebens fällt
Mir Blatt um Blatt.
O taumelbunte Welt,
Wie machst du satt,
Wie machst du satt und müd,
Wie machst du trunken!
(...)
Hermann Hesse (1877–1962)

Lied des Harfenmädchens

(...)
Heute, nur heute
Bin ich so schön;
Morgen, ach morgen
Muß alles vergehn!
Nur diese Stunde
Bist du noch mein;
Sterben, ach sterben
Soll ich allein.
(...)
Theodor Storm (1817–1888)

Der Rauch

Das kleine Haus unter Bäumen am See.
Vom Dach steigt Rauch.
Fehlte er
Wie trostlos dann wären
Haus, Bäume und See.
Bertolt Brecht

Buch-Boutique

Fotos sind bestimmt schön, aber erst Filme bringen Leben ins Bild. Mit einer eigenen Filmkamera kann heute jeder seine Filme billig selbst machen. Das Buch erklärt die Unterschiede zwischen den Kameras und zeigt Ihnen, was Sie damit alles machen können.

Hohe Berge, schöne Dörfer und Sonne. Das suchen alle Touristen in dem wunderbaren Urlaubsland im Norden Italiens. Aber sie kommen auch wegen seiner Kirchen, Burgen, Klöster und Museen. Dieses Buch zeigt Ihnen den Weg dorthin und gibt Ihnen alle Informationen, die Sie brauchen.

Die meisten Leute sind heute zu bequem. Sie sitzen zu viel, fahren U-Bahn, Straßenbahn oder Auto statt zu Fuß zu gehen, sie steigen keine Treppen mehr, sondern nehmen den Aufzug. Deshalb sollte man in seiner Freizeit mehr Sport treiben. Dieses Buch gibt allen Leuten Tips, die nicht in einem Sportverein sind, aber trotzdem mehr tun wollen als nur spazierengehen.

Die Liebe geht durch den Magen, sagt man. Deshalb finden Sie in diesem Kochbuch die bekanntesten Gerichte für Feste und Feiertage. Die Rezepte sind so leicht erklärt, daß jede Hausfrau die Gerichte selbst kochen kann.

In diesem weltbekannten Kunstmuseum aus der Zeit von Peter dem Großen und Katharina II. gibt es heute über 8000 Gemälde und 40000 Handzeichnungen weltbekannter Maler. Die schönsten und wichtigsten davon finden Sie in diesem Buch.

Hercule Poirot sitzt am Frühstückstisch, da bekommt er Besuch von einer jungen Dame, die ihn sprechen möchte, weil sie »vielleicht« einen Mord begangen habe. Da bleibt sogar ein Hercule Poirot nicht beim Frühstück sitzen… Passen Sie auf, daß Ihr Kaffee nicht kalt wird, wenn Sie diesen Kriminalroman zur Hand nehmen!

1. Welcher Text gehört zu welchem Buch?

2. Welches Buch ist ein:

Hobby-Buch, Reisebuch, Kriminalroman, Kochbuch, Kunstbuch, Sportbuch?

3. Was lesen Sie am liebsten?

Warum? Wann und wie oft lesen Sie? Woher bekommen Sie die Bücher?

Bücher sind meine besten Freunde.

Ich lese viel für mein Studium.

Ich lese jeden Tag die Zeitung und sonst nichts.

Ich lese nicht gerne, ich höre lieber Radio.

Ich habe wenig Zeit zum Lesen.

Ich mag am liebsten Comics.

Wenn ich viel lese, bekomme ich Kopfschmerzen.

Ich habe als Kind viel gelesen, aber heute nicht mehr.

Ich muß für meinen Beruf viel lesen.

Ich lese nur im Urlaub.

Ich kaufe viele Bücher.

Ich hole mir Bücher aus der Bücherei.

4. Wo lesen Sie?

| in der Bibliothek   im Café   auf der Toilette   zu Hause   in der Badewanne   im Park   in der U-Bahn   im Bett   am Strand   ... | weil | besser einschlafen können   Zeit haben   Ruhe brauchen   nicht gestört werden   frische Luft haben   allein sein   ... |

Ich lese meistens in der U-Bahn, weil ich dann Zeit habe.

5. Welches Buch haben Sie in der letzten Zeit gelesen?

Erinnern Sie sich noch an den Inhalt? Schreiben Sie auf einen Zettel, was Sie noch wissen, und erzählen Sie dann im Kurs.

Michael Ende **MOMO**

Thienemann

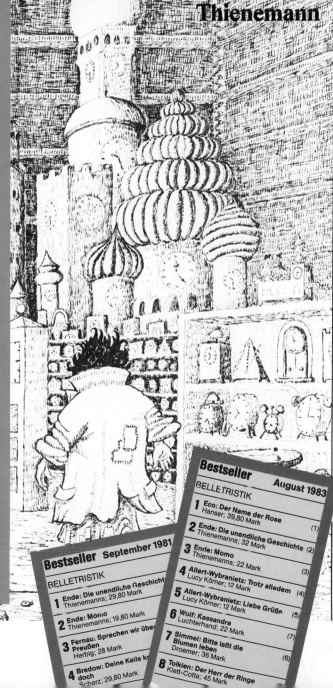

Die Zeit, das sind Minuten, Stunden, Tage, Jahre, aber niemand weiß, was die Zeit wirklich ist.

Die Zeit, die »in den Herzen der Menschen wohnt«, ist das Thema des Romans MOMO – ein Roman aus dem Reich der Phantasie.

Das Mädchen Momo lebt in einem alten Amphitheater in der Nähe einer Großstadt im Süden Europas. Sie ist eines Tages einfach da, und niemand weiß, woher sie kommt.

Momo und ihre Freunde sind arm, aber sie haben ein schönes Leben – bis die »grauen Herren« kommen. Seit es die »grauen Herren« gibt, sparen die Menschen Zeit, und diese gesparte Lebenszeit stehlen die »grauen Herren«. Das Leben der Menschen wird immer kälter, niemand hat mehr Zeit für sich und seine Freunde. Bald gehört die ganze Welt den »grauen Herren«.

Da findet Momo den »Meister Hora«, den geheimnisvollen »Verwalter der Zeit«. Er will der Welt helfen, aber er braucht dazu ein Menschenkind.

Die Welt steht für eine Stunde still. Soviel Zeit hat Momo, um gegen die Armee der »grauen Herren« zu kämpfen.

Von »Momo« erscheinen Übersetzungen in folgenden Sprachen: Afrikaans, Bulgarisch, Dänisch, Englisch (Weltrechte), Finnisch, Französisch, Hebräisch, Holländisch, Italienisch, Japanisch, Koreanisch, Litauisch, Norwegisch, Polnisch, Portugiesisch, Rumänisch, Russisch, Schwedisch, Serbokroatisch, Slowakisch, Slowenisch, Spanisch, Tschechisch.
Gesamtausstattung MICHAEL ENDE in Rom.
23. Auflage, 612. Tausend.

Bestseller August 1983

BELLETRISTIK

1 Eco: Der Name der Rose
Hanser; 39,80 Mark   (1)

2 Ende: Die unendliche Geschichte
Thienemanns; 32 Mark   (2)

3 Ende: Momo
Thienemanns; 22 Mark   (3)

4 Allert-Wybranietz: Trotz alledem
Lucy Körner; 12 Mark   (4)

5 Allert-Wybranietz: Liebe Grüße
Lucy Körner; 12 Mark   (5)

6 Wolf: Kassandra
Luchterhand; 22 Mark   (7)

7 Simmel: Bitte laßt die Blumen leben
Droemer; 36 Mark   (6)

8 Tolkien: Der Herr der Ringe
Klett-Cotta; 45 Mark

Bestseller September 1981

BELLETRISTIK

1 Ende: Die unendliche Geschichte
Thienemanns; 29,80 Mark

2 Ende: Momo
Thienemanns; 19,80 Mark

3 Fernau: Sprechen wir über Preußen
Herbig; 28 Mark

4 Bredow: Deine Keile kr doch
Scherz; 29,80 Mark

...

Eines Mittags kamen einige Männer und Frauen aus der näheren
Umgebung zu ihr und versuchten sie auszufragen. Momo stand
ihnen gegenüber und guckte sie ängstlich an, weil sie fürchtete, die
Leute würden sie wegjagen. Aber sie merkte bald, daß es freundliche Leute waren. Sie waren selber arm und kannten das Leben.

angucken: ansehen, anschauen
fürchten: Angst haben
wegjagen: sagen »Geh weg!«

»So«, sagte einer der Männer, »hier gefällt es dir also?«
»Ja«, antwortete Momo.
»Und du willst hier bleiben?«
»Ja, gern.«
»Aber wirst du denn nirgendwo erwartet?«

nirgendwo: an keinem Ort

»Nein.«
»Ich meine, mußt du denn nicht wieder nach Hause?«
»Ich bin hier zu Hause«, versicherte Momo schnell.
»Wo kommst du denn her, Kind?«
Momo machte mit der Hand eine unbestimmte Bewegung, die
irgendwohin in die Ferne deutete.

Ferne: Ort, der weit weg ist
deuten: mit dem Finger zeigen

»Wer sind denn deine Eltern?« forschte der Mann weiter.
Das Kind schaute ihn und die anderen Leute ratlos an und hob ein
wenig die Schultern. Die Leute tauschten Blicke und seufzten.

Blicke tauschen: einer sieht den anderen an

»Du brauchst keine Angst zu haben«, fuhr der Mann fort, »wir wollen dich nicht vertreiben. Wir wollen dir helfen.«

vertreiben: wegjagen

Momo nickte stumm, aber noch nicht ganz überzeugt.

nicken: mit dem Kopf »ja« sagen
stumm: ohne etwas zu sagen

»Du sagst, daß du Momo heißt, nicht wahr?«
»Ja.«
»Das ist ein hübscher Name, aber ich hab' ihn noch nie gehört. Wer
hat dir denn den Namen gegeben?«
»Ich«, sagte Momo.
»Du hast dich selbst so genannt?«
»Ja.«
»Wann bist du denn geboren?«
Momo überlegte und sagte schließlich: »Soweit ich mich erinnern
kann, war ich immer schon da.«

überlegen: denken, nachdenken

»Hast du denn keine Tante, keinen Onkel, keine Großmutter, überhaupt keine Familie, wo du hin kannst?«

Momo schaute den Mann nur an und schwieg eine Weile. Dann murmelte sie: »Ich bin hier zu Hause.«

Weile: kurze Zeit
murmeln: ganz leise sprechen

»Na ja«, meinte der Mann, »aber du bist doch ein Kind – wie alt bist du eigentlich?«

»Hundert«, sagte Momo zögernd.

zögernd: langsam

Die Leute lachten, weil sie es für einen Spaß hielten.

»Also, ernsthaft, wie alt bist du?«

»Hundertzwei«, antwortete Momo, noch ein wenig unsicherer.

...

»Sag mal«, fragte sie schließlich, »was *ist* denn die Zeit eigentlich?«

»Das hast du doch gerade selbst herausgefunden«, antwortete Meister Hora.

selbst herausfinden: selbst eine Antwort oder Lösung finden

»Nein, ich meine«, erklärte Momo, »die Zeit selbst – sie muß doch irgend etwas sein. Es gibt sie doch. Was ist sie denn wirklich?«

»Es wäre schön«, sagte Meister Hora, »wenn du auch das selbst beantworten könntest.«

Momo überlegte lange.

»Sie ist da«, murmelte sie gedankenverloren, »das ist jedenfalls sicher. Aber anfassen kann man sie nicht. Und festhalten auch nicht. Vielleicht ist sie so was wie ein Duft? Aber sie ist auch etwas, das immerzu vorbeigeht. Also muß sie auch irgendwo herkommen. Vielleicht ist sie so was wie der Wind? Oder nein! Jetzt weiß ich's! Vielleicht ist sie eine Art Musik, die man bloß nicht hört, weil sie immer da ist. Obwohl, ich glaub', ich hab' sie schon manchmal gehört, ganz leise.«

Duft: zum Beispiel ein Parfum

...

Meister Hora nickte langsam. Er blickte Momo lange an, dann fragte er: »Möchtest du sehen, wo die Zeit herkommt?«

»Ja«, flüsterte sie.

»Ich werde dich hinführen«, sagte Meister Hora. »Aber an jenem Ort muß man schweigen. Man darf nichts fragen und nichts sagen. Versprichst du mir das?«

Momo nickte stumm.

anblicken: ansehen

flüstern: ganz leise sprechen

schweigen: nichts sagen

...

1. Wo stehen diese drei Textteile im Buch?

Was glauben Sie? Am Anfang, in der Mitte, am Schluß?

2. Vergleichen Sie die drei Textteile mit der Zusammenfassung auf Seite 125.

Wozu passen sie?

3. Was, glauben Sie, zeigt Meister Hora Momo? Wie sieht der Ort der Zeit wohl aus?

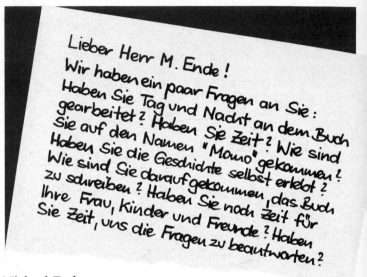

Eine Schulklasse, die MOMO
im Unterricht gelesen hat,
hat einen Brief an den Autor
Michael Ende geschrieben.

Lieber Herr M. Ende!
Wir haben ein paar Fragen an Sie:
Haben Sie Tag und Nacht an dem Buch
gearbeitet? Haben Sie Zeit? Wie sind
Sie auf den Namen "Momo" gekommen?
Haben Sie die Geschichte selbst erlebt?
Wie sind Sie daraufgekommen, das Buch
zu schreiben? Haben Sie noch Zeit für
Ihre Frau, Kinder und Freunde? Haben
Sie Zeit, uns die Fragen zu beantworten?

In seinem Antwortbrief schreibt Michael Ende:

1. Nein, ich habe natürlich nicht Tag und Nacht an dem Buch geschrieben.
   Der größte Teil der Arbeit eines Schriftstellers besteht gar nicht im
   eigentlichen Schreiben, sondern im Nachdenken. Denn erst muß man ja einmal wissen, was man schreiben soll. Das dauert oft lang, man braucht viel
   viel Geduld, bis einem das Richtige einfällt. Das Niederschreiben geht
   dann meistens ziemlich rasch.

2. Ja, ich habe Zeit für alles, was ich wichtig finde. Manchmal muß man
   sich auch zwischen mehreren Dingen für das wichtigste entscheiden. Aber
   dann muß man es mit Liebe und ohne Hetze tun.

3. Den Namen "Momo" hat Momo selbst gesagt, als ich von ihr schrieb. Das
   passiert manchmal, daß für einen Schriftsteller eine seiner Personen so
   lebendig wird, daß sie in seiner Phantasie zu reden anfängt.

4. Ich habe mir die Geschichte ausgedacht und habe sie trotzdem selbst erlebt. Ich weiß nicht, wie ich Euch das erklären soll. Phantasie ist ja
   auch etwas, was man erlebt. Davon handelt gerade mein nächstes Buch "Die
   unendliche Geschichte".

5. Ich bin darauf gekommen, das Buch "Momo" zu schreiben, weil ich mich darüber gewundert habe, daß alle Menschen immerfort Zeit sparen und trotzdem (oder gerade deshalb) immer weniger haben.

6. Kinder habe ich keine (leider), aber eine Frau und viele Tiere (Hund,
   Katze, Schildkröten, Fische) und auch Freunde, die mich besuchen. Und
   natürlich habe ich Zeit für sie alle.

7. Und ich habe Zeit, Eure Fragen zu beantworten - wie Ihr seht!

   Mit herzlichen Grüßen

   Euer Michael Ende

1. **Wie gefällt Ihnen Momo? Möchten Sie gerne das ganze Buch lesen?**

2. **Welche Fragen hätten Sie an einen Autor?**

Die Gefährlichkeit der Rasensprenger (10)

Titan, der Rasensprenger der dritten Generation, wog zwei Tonnen und kostete ein Vermögen. Um ihn auf dem Grundstück aufzustellen – dort, wo einmal ein Rasen war – mußten eine Tanne und ein Apfelbaum verschwinden. Als der Koloß endlich stand, kamen die Techniker und Spezialisten. Sie legten Kabel durchs ganze Haus und installierten im Wohnzimmer das Steuergerät mit Hunderten von Schaltern und Knöpfen, die nur Techniker und Spezialisten bedienen konnten.

Die Techniker und Spezialisten besetzten alle Zimmer. Sie wollten auch Omas Zimmer besetzen – aus sachlichen und strategischen Gründen, wie sie sagten. Aber Walter hatte gerade noch die Zeit und die Kraft, das Zimmer abzuschließen und den Schlüssel wegzuwerfen.

Am Samstagnachmittag war Titan fertig installiert. Herr Silberberg kam, sah alles genau an, drückte hier einen Schalter, dort einen Knopf und sagte schließlich: »Okay!« Dann wandte er sich Walter zu:

»Wir können zufrieden sein, Herr Gottschalk, alles ist gut verlaufen. Jetzt können Sie wieder ruhig schlafen.«

»Vielleicht«, sagte Walter sehr müde, »aber wo?«

»Wo...?« Herr Silberberg zeigte zum ersten Mal so etwas wie ein Lächeln, »alle Probleme können wir für Sie auch nicht lösen.«

Walter nahm ein paar warme Decken und ging in den kleinen Schuppen, der hinten im Garten stand und in dem sich – außer allerlei Gartengerät – zum Glück auch eine alte Matratze befand. Er richtete sich ein, so gut es ging. Langsam kam der Abend, kam die Nacht. In seinem Haus gingen die Lichter an, aus allen Fenstern fiel Licht in den Garten. Von Zeit zu Zeit trat ein Techniker durch die Terrassentür ins Freie, zündete sich eine Zigarette an, ging auch mal um Titan herum und kehrte dann zu seinen Geräten ins Wohnzimmer zurück. Es sah fast so aus, als ob man im Haus ein kleines Fest feiern würde.

Nur Omas Fenster blieb dunkel.

Ein Glück, dachte Walter, daß sie mir den Geräteschuppen gelassen haben. Er legte sich auf die Matratze und schlief sofort ein.

Drei oder vier Stunden später, mitten in der Nacht, wachte Walter auf – von einem sonderbaren Geräusch. Zuerst wußte er nicht, woher dieses Geräusch kam. Es war ein tiefes, gleichmäßiges Brummen. Er stand auf, ging durch den Garten. Titan stand schwarz und schwer vor ihm – ein stummer Riese. Und jetzt wußte Walter: das Geräusch kam von nebenan, vom Grundstück seines Nachbarn Köhler, jenseits der vier Meter hohen Mauer.

Die Nacht war kalt. Walter fing an zu zittern. Er ging zurück in seinen Schuppen, legte sich unter die warmen Decken.

Es half nichts. Er hörte nicht auf zu zittern.

Ende

Es sah fast so aus, als ob man im Haus ein kleines Fest feiern würde.

Grammatikübersicht zu den Lektionen

Farbschema:

Inversions-signal	Subjekt	Verb	Subjekt	unbetonte obligator. Ergänzung	Angabe	obligatorische Ergänzung	Verb

Lektion 1

1. Verben und ihre Ergänzungen im Satz: Akkusativergänzung + Qualitativergänzung

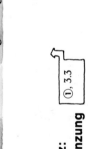

	sieht				lustig	aus) sehen
Hans	ist				lustig	sein
Er	finde				sympathisch	finden
Ich	Findest	du	ihn			

Hans | | wirklich | lustig | aus.
Hans | | auch | lustig. |
ihn | | | sympathisch. |
| | | sympathisch? |

→ Akkusativ-ergänzung

→ Qualitativ-ergänzung

2. Artikel + Adjektiv + Nomen

(der Mund)
(welcher⟩ Mund ?)
(der kleine⟩ Mund)

(ein⟩ Mund)
(was für ein⟩ Mund ?)
(ein kleiner⟩ Mund)

3. Artikelwörter: dieser, mancher, jeder/alle

①, 3.2

Nominativ

dies	er	Mann
manch	e	Frau
jed	es	Kind
dies	e	Männer
manch	e	Frauen
all	e	Kinder

Akkusativ

dies	en	Mann
manch	e	Frau
jed	es	Kind
dies	e	Männer
manch	e	Frauen
all	e	Kinder

⚠️ *Die Artikelwörter dieser, mancher, jeder/alle haben die gleichen Formen wie der definite Artikel.*

⚠️ *alle = Plural von jeder*

4. Nomen mit besonderen Formen (wie Adjektive)

	definiter Artikel	*indefiniter Artikel*
Nominativ	der Arbeitslose	ein Arbeitsloser
Akkusativ	den Arbeitslosen	einen Arbeitslosen
Plural	die Arbeitslosen	– Arbeitslose

ebenso: der Beamte, der Angestellte

①, 3.3

5. Übersicht: Artikelwort + Adjektiv + Nomen

Nominativ

der / dieser / jeder / mancher	kleine_	Mann
ein / kein / mein / Ihr	kleiner_	Mann
die / diese / jede / manche	kleine_	Frau
eine / keine / meine / Ihre	kleine_	Frau
das / dieses / jedes / manches	kleine_	Kind
ein / kein / mein / Ihr	kleines_	Kind

Akkusativ

den / diesen / jeden / manchen	kleinen_	Mann
einen / keinen / meinen / Ihren	kleinen_	Mann
die / diese / jede / manche	kleine_	Frau
eine / keine / meine / Ihre	kleine_	Frau
das / dieses / jedes / manches	kleine_	Kind
ein / kein / mein / Ihr	kleines_	Kind

Dativ

dem / diesem / jedem / manchem	kleinen_	Mann
einem / keinem / meinem / Ihrem	kleinen_	Mann
der / dieser / jeder / mancher	kleinen_	Frau
einer / keiner / meiner / Ihrer	kleinen_	Frau
dem / diesem / jedem / manchem	kleinen_	Kind
einem / keinem / meinem / Ihrem	kleinen_	Kind

Plural: Nominativ = Akkusativ

die / diese / alle / manche		kleinen_	Männer / Frauen / Kinder
keine / meine / Ihre	–	kleine_	Männer / Frauen / Kinder

Plural: Dativ

den / diesen / allen / manchen		kleinen_	Männern / Frauen / Kindern
keinen / meinen / Ihren	–	kleinen_	Männern / Frauen / Kindern

Lektion 2

1. Modalverben: Präteritum ①, 9.2

	wollen	sollen	können	dürfen	müssen
ich	wollte	sollte	konnte	durfte	mußte
du	wolltest	solltest	konntest	durftest	mußtest
Sie	wollten	sollten	konnten	durften	mußten
er/sie/es	wollte	sollte	konnte	durfte	mußte
wir	wollten	sollten	konnten	durften	mußten
ihr	wolltet	solltet	konntet	durftet	mußtet
sie	wollten	sollten	konnten	durften	mußten

ich – te	wir – ten
du – test	ihr – tet
Sie – ten	sie – ten
er – te	

2. Nebensatz mit Subjunktor

a) Satzfolge: Hauptsatz, Nebensatz

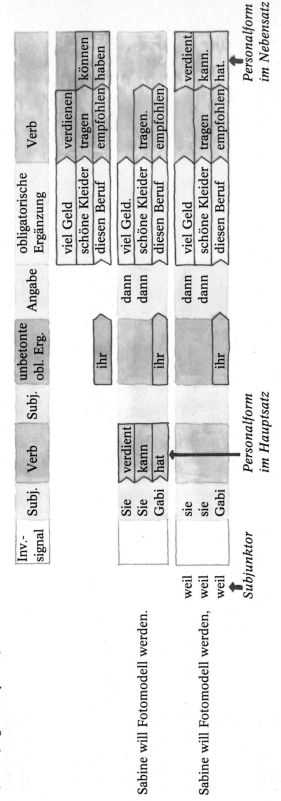

b) Satzfolge: Nebensatz, Hauptsatz

Weil	Sabine	später	viel Geld	verdienen	will,	möchte	sie	gern	Fotomodell	werden.
Wenn	man			studieren	will,	muß	man		das Abitur	machen.
Obwohl	Eva	heute	wenig Freizeit		hat,	findet	sie		diese Arbeit	sehr schön.

Nebensatz = Inversionssignal

3. Konjunktoren und Subjunktoren

Konjunktoren

deshalb
also
trotzdem
dann

+ Hauptsatz mit Inversion
(Konjunktor = Angabe)

und
oder
aber
denn

Subjunktoren

weil
obwohl
wenn

+ Hauptsatz ohne Inversion
(Konjunktor keine Angabe)

weil
obwohl
wenn

+ Nebensatz

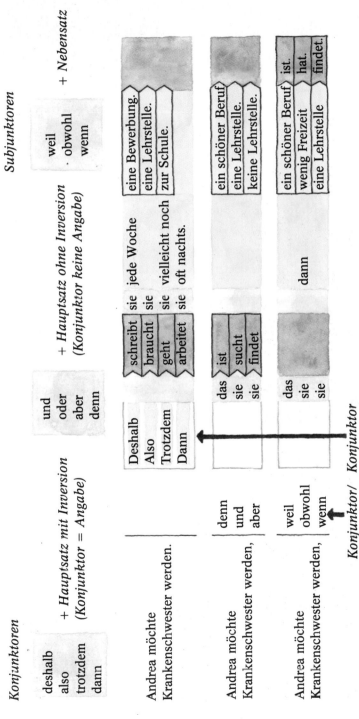

Deshalb / Also / Trotzdem / Dann	schreibt	sie	jede Woche	eine Bewerbung.
	braucht	sie		eine Lehrstelle.
	geht	sie	vielleicht noch	zur Schule.
	arbeitet	sie	oft nachts.	

das	ist		ein schöner Beruf
sie	sucht		eine Lehrstelle.
sie	findet		keine Lehrstelle.

das	ist		ein schöner Beruf
sie	hat	dann	wenig Freizeit
sie	findet		eine Lehrstelle.

Konjunktor (= Angabe)

Andrea möchte
Krankenschwester werden.

Andrea möchte
Krankenschwester werden, | denn / und / aber

Andrea möchte
Krankenschwester werden, | weil / obwohl / wenn

Konjunktor/
Subjunktor

Lektion 3

1. Reflexive Verben mit Präpositionalergänzung

	S. Ohlsen	ärgert	sich	immer	worüber?
	du	ärgerst	dich	am meisten?	wofür?
	Ich	ärgere	mich	am meisten	über den Moderator
	Sie	interessieren	sich	besonders?	für Kultur
	Ich	interessiere	mich	besonders	

Worüber | Wofür

sich	worüber?	ärgern
sich	wofür?	interessieren
sich	über den Moderator	ärgern
sich	für Kultur	interessieren

über den Moderator.
über die Sendezeit.
für Kultur.

Reflexivpronomen　*Präpositionalergänzung*

⚠ Er ärgert sich. ≠ Er ärgert ihn.

2. Pronomen im Akkusativ

Reflexivpronomen Akkusativ:　mich　dich　sich　sich　uns　euch　sich

Personalpronomen Akkusativ:　mich　dich　Sie　ihn/sie/es　uns　euch　sie

①, 7.6

3. Fragewörter und Pronomen: wofür? – dafür

a) im Satz

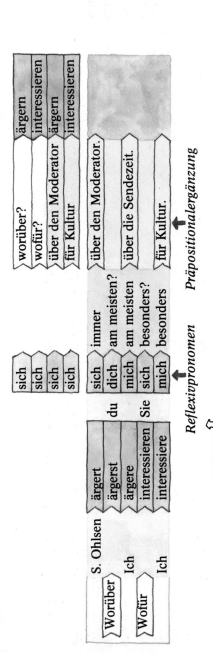

	Sabine	interessiert	sich	wofür?
Wofür	du	interessierst	dich	für Politik?
	du	interessierst	dich	dafür.
Dafür	ich	interessiere	mich	nicht.
	Sabine	interessiert	sich	auch nicht

sich	interessieren
sich	interessieren
sich	interessieren

für Politik?
dafür.

b) Formen

Fragewort:　wo(r)　+　*Präposition*

Pronomen:　da(r)　+　*Präposition*

worauf	darauf
worüber	darüber
wofür	dafür
wonach	danach

⚠ Bei Personen:
Präposition + Fragewort
Für wen interessierst du dich?

4. Konjunktiv II

a) im Satz [2, 2.2b]

Wenn du mit mir gehen würdest, dann würde ich immer bei dir sein. (Aber leider gehst du nicht mit mir, deshalb bin ich nicht bei dir.)

Wenn du mich verstehen würdest, dann wärst du nie mehr allein. (Aber leider verstehst du mich nicht, deshalb bist du jetzt allein.)

Wenn	du		mit mir	gehen	würdest, dann	würde ich	immer	bei dir sein.
Wenn	du	mich		verstehen	würdest, dann	würde ich	immer	dich	lieben.
Wenn	du		meine Freundin		wärest, dann	wärst du	nie mehr	allein.
Wenn	ich		bei mir		hätte, dann	hätte ich	immer	Zeit.

Wenn	man	die Straßenmusik	verbieten	würde, dann	wäre ich	bestimmt	traurig.

Ohne Straßenmusik wäre ich bestimmt traurig.

⚠ ! Nebensatz = Inversionssignal

b) Formen

	kommen		sein	haben	wollen	sollen	können	dürfen	müssen
ich	würde	kommen	wäre	hätte	wollte	sollte	könnte	dürfte	müßte
du	würdest	kommen	wärst	hättest	wolltest	solltest	könntest	dürftest	müßtest
Sie	würden	kommen	wären	hätten	wollten	sollten	könnten	dürften	müßten
er/sie/es	würde	kommen	wäre	hätte	wollte	sollte	könnte	dürfte	müßte
wir	würden	kommen	wären	hätten	wollten	sollten	könnten	dürften	müßten
ihr	würdet	kommen	wärt	hättet	wolltet	solltet	könntet	dürftet	müßtet
sie	würden	kommen	wären	hätten	wollten	sollten	könnten	dürften	müßten

⚠ ! *Präteritum:* ich

	kommen	sein	haben	wollen	sollen	können	dürfen	müssen
ich		war	hatte	wollte	sollte	konnte	durfte	mußte

Lektion 4

1. Steigerung ①, 6.4

a) Adjektiv allein (= Qualitativergänzung)

Der Peugeot ist schnell.

Der Polo ist schneller als der Peugeot.

Der Corsa ist am schnellsten von allen Autos.

Der Peugeot ist schnell.
Der Peugeot ist sehr schnell.
Der Peugeot ist genauso schnell wie der Nissan.
Der Peugeot ist nicht so schnell wie der Polo.
Der Polo ist schneller als der Peugeot.
Der Corsa ist viel schneller als der Peugeot.
Der Corsa ist am schnellsten.
Der Corsa ist am schnellsten von allen Autos.

b) Artikel + Adjektiv (= Attribut) + Nomen (= Subsumptivergänzung)

Der Peugeot ist ein schnelles Auto.

Der Polo ist ein schnelleres Auto als der Peugeot.

Der Corsa ist das schnellste Auto von allen.

Der Corsa ist das schnellste von allen Autos.

Der Peugeot ist ein schnelles Auto.
Der Peugeot ist ein sehr schnelles Auto.
Der Peugeot ist ein genauso schnelles Auto wie der Nissan.
Der Peugeot ist ein nicht so schnelles Auto wie der Polo.
Der Polo ist ein schnelleres Auto als der Peugeot.
Der Corsa ist ein viel schnelleres Auto als der Peugeot.
Der Corsa ist das schnellste Auto.
Der Corsa ist das schnellste von allen Autos.

c) Steigerungsformen im Satz ②, 2.2a)

Der Peugeot ist wirklich genauso schnell wie der Fiesta.
Der Polo ist wirklich schneller als der Peugeot.
Der Polo ist wirklich ein schnelleres Auto als der Peugeot.

wie, als = *Präposition*

Der Peugeot ist wirklich genauso schnell, wie man mir gestern gesagt hat.
Der Polo ist wirklich schneller, als man mir gestern gesagt hat.
Der Polo ist wirklich ein schnelleres Auto, als man mir gestern gesagt hat.

Nebensatz: wie, als = *Subjunktor*

⚠ genauso ... <u>wie</u>

2. Passiv

a) im Satz

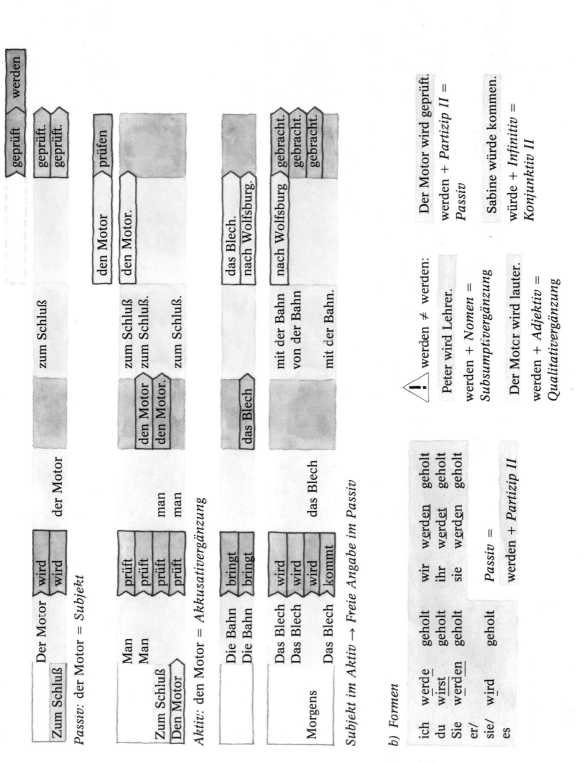

	Der Motor	wird	zum Schluß		geprüft.
Zum Schluß	wird	der Motor			geprüft.

Passiv: der Motor = *Subjekt*

Man	prüft		den Motor.		
Man	prüft	den Motor	zum Schluß.		
Zum Schluß	prüft	man	den Motor.		
Den Motor	prüft	man	zum Schluß.		

Aktiv: den Motor = *Akkusativergänzung*

Die Bahn	bringt	das Blech		das Blech.
Die Bahn	bringt			nach Wolfsburg.
Das Blech	wird		mit der Bahn	
Das Blech	wird		von der Bahn	nach Wolfsburg
Das Blech	wird		mit der Bahn.	
Morgens	kommt	das Blech		

geprüft / werden

gebracht. / gebracht. / gebracht.

Subjekt im Aktiv → Freie Angabe im Passiv

b) Formen

ich	werde	geholt	wir	werden	geholt
du	wirst	geholt	ihr	werdet	geholt
Sie	werden	geholt	sie	werden	geholt
er/ sie/ es	wird	geholt			

Passiv =
werden + *Partizip II*

⚠ werden ≠ werden:

Peter wird Lehrer.
werden + *Nomen* =
Subsumptivergänzung

Der Motor wird lauter.
werden + *Adjektiv* =
Qualitativergänzung

Der Motor wird geprüft.
werden + *Partizip II* =
Passiv

Sabine würde kommen.
würde + *Infinitiv* =
Konjunktiv II

Lektion 5

1. Infinitivsatz: Infinitiv mit „zu"

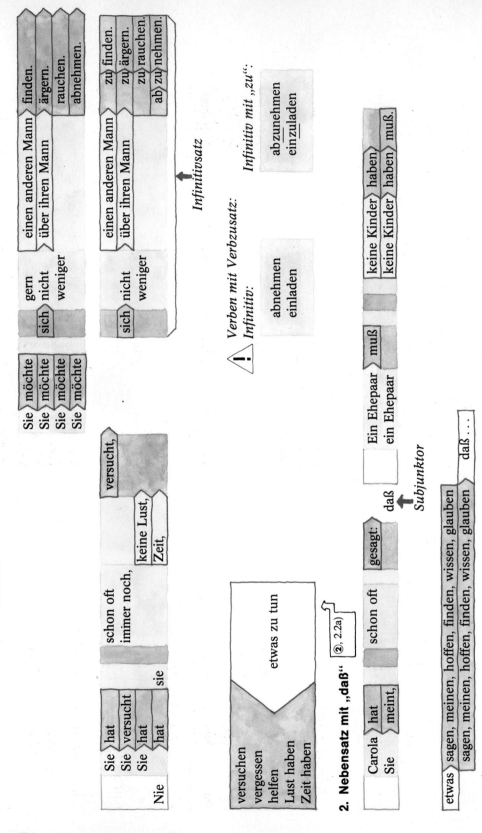

2. Nebensatz mit „daß"

3. Präteritum

a) Formen

Schwache Verben

	Präsens	Präteritum	
ich	sage	sagte	-te
du	sagst	sagtest	-test
Sie	sagen	sagten	-ten
er/sie/es	sagt	sagte	-te
wir	sagen	sagten	-ten
ihr	sagt	sagtet	-tet
sie	sagen	sagten	-ten

Partizip II: gesagt

Starke Verben

	Präsens	Präteritum	
ich	komme	kam	-
du	kommst	kamst	-st
Sie	kommen	kamen	-en
er/sie/es	kommt	kam	-
wir	kommen	kamen	-en
ihr	kommt	kamt	-t
sie	kommen	kamen	-en

Partizip II: gekommen

! *Schwache Verben auf* -ten, -den:

arbeiten → ich arbeitete
baden → ich badete

Starke Verben (vgl. Liste auf S. 152), ①, 9.3a), 10.1, 2

Infinitiv	3. Pers. Sg. Präsens	3. Pers. Sg. Präteritum	Partizip II
fahren	fährt	fuhr	gefahren
tragen	trägt	trug	getragen
anfangen	fängt an	fing an	angefangen
schlafen	schläft	schlief	geschlafen
laufen	läuft	lief	gelaufen
helfen	hilft	half	geholfen
sehen	sieht	sah	gesehen
essen	ißt	aß	gegessen
finden	findet	fand	gefunden
fliegen	fliegt	flog	geflogen
schneiden	schneidet	schnitt	geschnitten
schreiben	schreibt	schrieb	geschrieben
kommen	kommt	kam	gekommen
gehen	geht	ging	gegangen
stehen	steht	stand	gestanden
tun	tut	tat	getan

Mischformen (Endung wie schwache Verben)

denken	denkt	dachte	gedacht
bringen	bringt	brachte	gebracht
kennen	kennt	kannte	gekannt
wissen	weiß	wußte	gewußt

b) im Satz

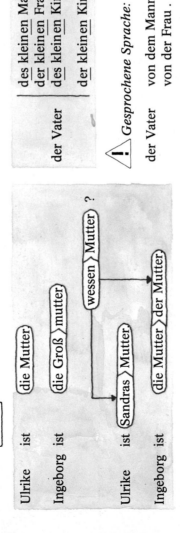

Als	Maria	zwei Jahre alt	war,		
	Ihre Mutter	starb	ihr Vater	vergaß ihren Mann	nie.
als	Sie Maria	14 Jahre alt	war.		
	Maria	lebte	dann bei ihrem Großvater.		
Mit 17		heiratete	sie.		

① 8.3

⚠ **als ≠ als:**
Sie ist älter, als ich geglaubt habe.
Maria war zwei Jahre alt, als ihr Vater starb.

4. Genitiv

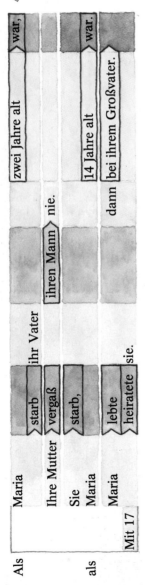

Ulrike ist | die Mutter
Ingeborg ist | die Groß⟩mutter
wessen ⟩Mutter ?
Ulrike ist | Sandras ⟩Mutter
Ingeborg ist | die Mutter ⟩der Mutter

der Vater	des kleinen Mannes
	der kleinen Frau
	des kleinen Kindes
	der kleinen Kinder

der Vater	eines kleinen Mannes
	einer kleinen Frau
	eines kleinen Kindes
	– kleiner Kinder*

⚠ *Gesprochene Sprache:*
der Vater | von dem Mann
| von der Frau ...

Ohne Adjektiv:
der Vater von Kindern

5. Nomen mit besonderen Formen: Maskuline Nomen II

② 1.4

Singular	*Nominativ*	der	Mensch	Kollege	Herr
	Akkusativ	den	Menschen	Kollegen	Herrn
	Dativ	dem	Menschen	Kollegen	Herrn
	Genitiv	des	Menschen	Kollegen	Herrn

Plural	*Nominativ*	die	Menschen	Kollegen	Herren
	Akkusativ	die	Menschen	Kollegen	Herren
	Dativ	den	Menschen	Kollegen	Herren
	Genitiv	der	Menschen	Kollegen	Herren

⚠ *Maskuline Nomen mit -(e)n im Plural haben -(e)n in allen Formen außer Nominativ Singular.*

Ebenso: Friede, Name, Tourist ...

Vgl. auch: Nomen wie Adjektive (S. 130, Nr. 4)

Lektion 6

1. Konstruktionen mit „es"

es = Personalpronomen

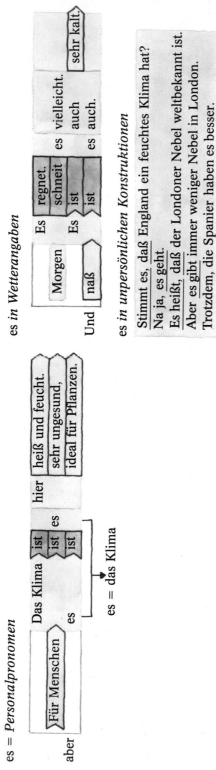

Für Menschen | Das Klima | ist | hier | heiß und feucht.
aber | es | ist | | sehr ungesund,
| es | ist | | ideal für Pflanzen.

es = das Klima

es in Wetterangaben

| | Es | regnet. |
| | Es | schneit. |
Morgen | es | ist | vielleicht.
Und | naß | es | ist | auch.
| | es | auch. | sehr kalt.

es in unpersönlichen Konstruktionen

Stimmt es, daß England ein feuchtes Klima hat?
Na ja, es geht.
Es heißt, daß der Londoner Nebel weltbekannt ist.
Aber es gibt immer weniger Nebel in London.
Trotzdem, die Spanier haben es besser.

2. Zeitausdrücke im Akkusativ

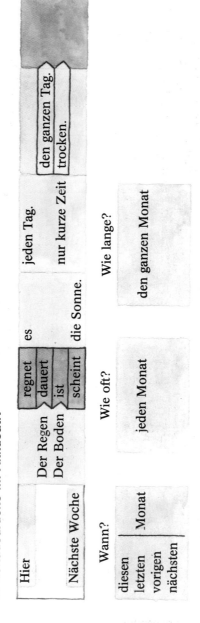

Hier | Der Regen | regnet | es | jeden Tag. | den ganzen Tag.
Nächste Woche | Der Boden | dauert | | nur kurze Zeit. | trocken.
| | ist |
| die Sonne | scheint |

Wann? | Wie oft? | Wie lange?

diesen | jeden Monat | den ganzen Monat
letzten | Monat
vorigen
nächsten

3. Relativpronomen

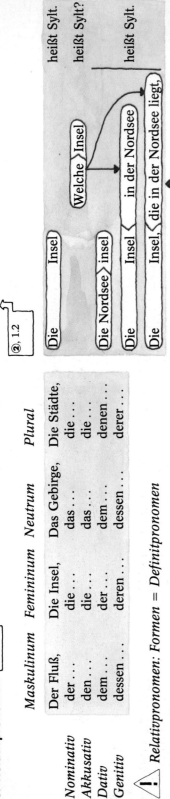

	Maskulinum	*Femininum*	*Neutrum*	*Plural*
	Der Fluß,	Die Insel,	Das Gebirge,	Die Städte,
Nominativ	der . . .	die . . .	das . . .	die . . .
Akkusativ	den . . .	die . . .	das . . .	die . . .
Dativ	dem . . .	der	dem . . .	denen . . .
Genitiv	dessen . . .	deren . . .	dessen . . .	derer . . .

! *Relativpronomen: Formen = Definitpronomen*

② 1.2

Die Insel   heißt Sylt.

Welche Insel   heißt Sylt?

Die Insel in der Nordsee   heißt Sylt.

Die Insel, die in der Nordsee liegt,

Relativsatz = Attribut eines Nomens

4. Nebensatz: Relativsatz

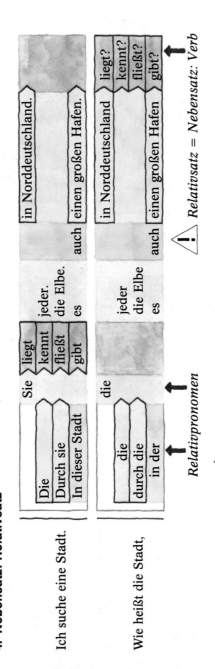

Ich suche eine Stadt.

Die liegt in Norddeutschland.
Sie kennt jeder.
Durch sie fließt die Elbe.
In dieser Stadt gibt es auch einen großen Hafen.

Wie heißt die Stadt,

die in Norddeutschland liegt?
die jeder kennt?
durch die die Elbe fließt?
in der es auch einen großen Hafen gibt?

Relativpronomen

! *Relativsatz = Nebensatz: Verb*

! *Das Relativpronomen kann Subjekt, Ergänzung oder Angabe sein. Es ist kein Subjunktor.*

1. „lassen"

(I, 9.2a)

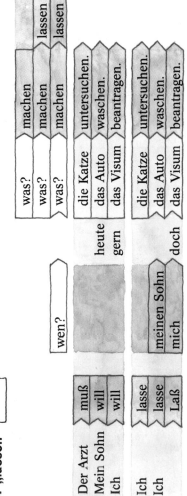

			wen?	was?	
Der Arzt	muß			die Katze	untersuchen.
Mein Sohn	will			das Auto	waschen.
Ich	will			das Visum	beantragen.
				machen	lassen
				machen	
				machen	lassen
Ich	lasse	heute	meinen Sohn	die Katze	untersuchen.
Ich	lasse	gern		das Auto	waschen.
Ich	Laß	doch	mich	das Visum	beantragen.

⚠ lassen: 3 Bedeutungen:

1. Ich lasse die Katze untersuchen.

   (Ich kann/darf/will die Katze nicht selbst untersuchen. Deshalb will ich, daß der Arzt die Katze untersucht.)

2. Ich lasse meinen Sohn das Auto waschen.

   (Ich bin einverstanden, daß mein Sohn das Auto wäscht.)

3. Laß mich das Visum beantragen.

   (Ich will gern für dich das Visum beantragen. In der Zeit kannst du etwas anderes machen.)

2. „zum" + Infinitiv als Ergänzung

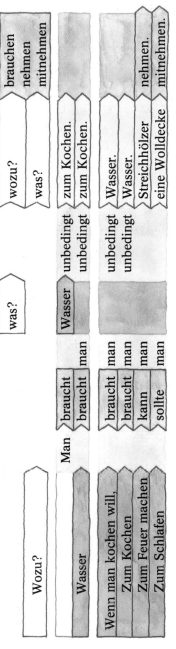

Wozu?			was?		
Wasser	Man	braucht			
Wenn man kochen will,		braucht	man	Wasser	
Zum Kochen		braucht	man	unbedingt	Wasser.
		braucht	man	unbedingt	zum Kochen.
Zum Feuer machen		braucht	man	unbedingt	Streichhölzer.
		kann	man	unbedingt	Wasser.
Zum Schlafen		sollte	man		eine Wolldecke

	wozu?	was?	
			brauchen
			nehmen
	zum Kochen.		mitnehmen
	zum Kochen.		
		Wasser.	nehmen.
		Wasser.	mitnehmen.

Vergleiche:

Wenn man in der Sahara ist,	braucht
In der Sahara	man
Wenn man kochen will,	Wasser.
Zum Kochen	

⚠ **Zum Kochen:** *Infinitiv wird groß geschrieben!*

3. Nebensatz: Indirekter Fragesatz

a) mit Fragewort [①, 1.1d] [②, 2.2a]

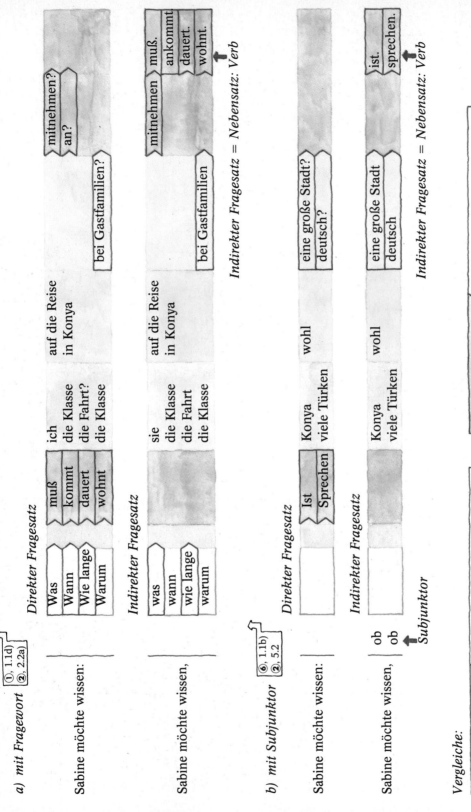

Direkter Fragesatz

Sabine möchte wissen:

Was	muß	ich	auf die Reise	mitnehmen?
Wann	kommt	die Klasse	in Konya	an?
Wie lange	dauert	die Fahrt?		
Warum	wohnt	die Klasse	bei Gastfamilien?	

Indirekter Fragesatz

Sabine möchte wissen,

was	sie	auf die Reise	mitnehmen
wann	die Klasse	in Konya	ankommt.
wie lange	die Fahrt		dauert.
warum	die Klasse	bei Gastfamilien	wohnt.

Indirekter Fragesatz = Nebensatz: Verb

b) mit Subjunktor [⑥, 1.1b] [②, 5.2]

Direkter Fragesatz

Sabine möchte wissen:

Ist	Konya	wohl	eine große Stadt?
Sprechen	viele Türken		deutsch?

Indirekter Fragesatz — Subjunktor

Sabine möchte wissen,

ob	Konya	wohl	eine große Stadt	ist.
ob	viele Türken		deutsch	sprechen.

Indirekter Fragesatz = Nebensatz: Verb

Vergleiche:

fragen	wer/was/wen/wem ...	
nicht wissen	wann/wo/warum/wie lange ...	
wissen mögen	wie ...	
überlegen	ob ...	
vergessen		

ob er kommt.
ob sie blond ist.

nicht wissen	
nicht verstehen	daß ...
können	
vergessen	

daß er kommt.
daß sie blond ist.

 Ich weiß nicht, ob er kommt.
Ich habe vergessen, ob sie blond ist.

Ich habe nicht gewußt, daß er kommt.
Ich habe vergessen, daß sie blond ist.

4. Infinitivsatz: Infinitiv mit „um zu" / Nebensatz mit „damit" (2), 5.1, 2

Hauptsatz

Familie Neudel will auswandern.

Sie	will	in Paraguay	freier		leben.
Sie	will		Land		kaufen.
Herr Neudel	will		bei dieser Firma		arbeiten.
Er	will			mehr	verdienen.
Frau Neudel	möchte	auch		eine Stelle	bekommen.

Nebensatz mit Subjunktor

Familie Neudel will auswandern,

damit	Herr Neudel		bei dieser Firma		arbeiten	kann.
damit	Herr Neudel			mehr		verdient.
damit	Frau Neudel	auch		eine Stelle		bekommt.

Infinitivsatz mit um zu

Familie Neudel will auswandern,

um	in Paraguay	freier	zu leben.
um	dort	Land	zu kaufen.

Vergleiche:

denn	sie will	freier	leben.
weil	sie	freier	leben will.
um		freier	zu leben.

Subjekt: Familie Neudel

denn	Herr Neudel verdient	dann mehr.
weil	er	dann mehr verdient.
damit	er	mehr verdient.

Subjekt: Herr Neudel

„Um ... zu" ist nur möglich, wenn das Subjekt in Hauptsatz und Infinitivsatz gleich ist.

etwas	wozu?	machen
		um zu ...
etwas	machen,	damit ...

---

5. Negation (1), 3.1

	Braucht	ihr	den Schirm?
Wir	brauchen	den Schirm	vielleicht nicht.
	brauchen	den Schirm	nicht.
	Braucht	ihr	einen Schirm?
Wir	brauchen		vielleicht keinen Schirm.
	brauchen		keinen Schirm.

| Den Schirm | |
| Einen Schirm | |

Negation definiter Artikel:
... den ... nicht

Negation indefiniter Artikel:
... keinen ...

bei Inversion:
... einen ... nicht

Lektion 8

1. Präpositionen ① 6.2, 3; 8.1, 2, 4, 5, 6

vor hinter auf über unter neben zwischen in an	+ Akkusativ oder Dativ

durch gegen für ohne bis	+ Akkusativ

aus von nach mit bis zu zu bei seit während* wegen* außer	+ Dativ

* *auch mit Genitiv*

lokale Funktion

vor:	Er geht vor die Tür. Er steht vor der Tür.
hinter:	Er geht hinter das Haus. Er steht hinter dem Haus.
auf:	Sie steigt auf den Berg. Sie steht auf dem Berg.
über:	Er geht über die Straße. Die Wolken stehen über dem Land.
unter:	Er geht unter die Brücke. Er steht unter der Brücke.
neben:	Sie geht neben das Haus. Sie steht neben dem Haus.
zwischen:	Er geht zwischen die Autos. Er steht zwischen den Autos.

temporale Funktion

	–
	Sie ist vor zwei Tagen angekommen.
	–
	–
	–
	–
	Er ist über 18 Jahre alt.
	–
	Sie ist noch unter 16 Jahre alt.
	Unter 18 Jahren darf man nicht wählen.
	–
	–
	Was haben Sie zwischen dem 1. 4. und dem 1. 6. gemacht?

sonstige Funktionen

	–
	Sie hat Angst vor einem Krieg.
	–
	Sie freut sich auf den Abend.
	Sie freut sich über das Geschenk.
	–
	–
	Rufen Sie mich unter 23 65 79 an.
	Neben der Arbeit hat er viel Zeit.
	–
	Die Unterschiede zwischen den beiden deutschen Staaten wurden größer.

	lokale Funktion	temporale Funktion	sonstige Funktionen
in:	Sie geht ins Haus. Sie ist im Haus.	in dieser Woche / in 10 Jahren	–
an:	Er fährt an die Ostsee. Er bleibt an der Ostsee.	–	Andrea denkt oft an ihre Freundin. Was finden Sie an den Deutschen gut?
durch:	Wir fahren durch den Schwarzwald.		Die Bäume sterben durch die Abgase.
gegen:	Das Auto fährt gegen den Bus.	Es regnet immer gegen Mittag.	Die SPD ist gegen diesen Plan.
für:	–		Die CDU ist für diesen Plan.
ohne:			Das Hochhaus war 5 Stunden ohne Strom.
bis:	Die U-Bahn fährt bis Altona.	Diese Frage ist bis heute offen.	Er ißt morgens drei bis vier Brötchen.
aus:	Er kommt aus dem Ruhrgebiet.		Die Lampe ist aus Gold.
von:	Er fährt von München nach Münster.	A. lebte von 1876 bis 1967.	A. war Politiker von der CDU.
nach:	Ich fahre morgen nach Hamburg.	Nach zwei Jahren kam er zurück.	Nach seiner Meinung ist der Plan gut.
mit:	–	Mit 30 hatte sie schon 6 Kinder.	Das Material wird mit Zügen gebracht.
bis zu:	Fahren Sie bis zur 2. Haltestelle.	Bis zu seinem Tod war er lustig.	Temperaturunterschiede bis zu 40 Grad.
zu:	Er fährt zu seiner Freundin.		Mein Bruder ist heute zu Besuch.
bei:	Er möchte immer bei ihr sein.		Bei diesem Regen gehe ich nicht weg.
seit:	–	Seit drei Tagen spricht er nicht.	–
während:	–	Während dieser Zeit war ich weg.	–
wegen:	–		Wegen seiner Verletzung kann er nicht spielen.
außer:	–		Außer dem Fahrer war niemand verletzt.

2. Ausdrücke mit Präposition

a) Präposition + Nomen als Ergänzung oder Angabe

Die Schüler	sind	in die Türkei	gefahren.
Die Ausländer	haben	gegen das Gesetz	demonstriert.
Die Beamten	streiken	für mehr Lohn.	
1000 Pakete	bleiben	liegen.	
Ein Minister	hat	den Bundeskanzler	kritisiert.
Bayern	hat	ein neues Parlament.	

wegen dem Poststreik
in Bonn
seit gestern

b) Nomen + Präposition + Nomen

Wir machen eine Reise.
Die Reise geht zum Mond.

Wir machen eine Reise zum Mond.

c) Nomen mit Präposition

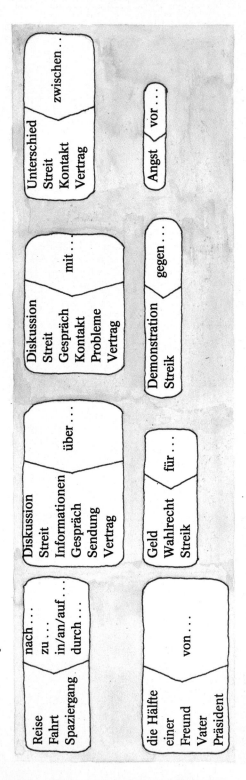

Unterschied / Streit / Kontakt / Vertrag — zwischen . . .

Angst — vor . . .

Diskussion / Streit / Gespräch / Kontakt / Probleme / Vertrag — mit . . .

Demonstration / Streik — gegen . . .

Diskussion / Streit / Informationen / Gespräch / Sendung / Vertrag — über . . .

Geld / Wahlrecht / Streik — für . . .

Reise / Fahrt / Spaziergang — nach . . . / zu . . . / in/an/auf . . . / durch . . .

die Hälfte / einer / Freund / Vater / Präsident — von . . .

d) Adjektiv + Präposition

Die SPD ist / Die Grünen sind

mit dem Gesetz — nicht / auch nicht — einverstanden.

mit dem Gesetz — einverstanden.

Adjektive mit Präposition

froh / traurig — über . . .

typisch — für . . .

einverstanden / zufrieden / fertig / verheiratet — mit . . .

Lektion 9

1. Reflexive Verben / Reflexiv gebrauchte Verben

a) im Satz  ②, 3.1

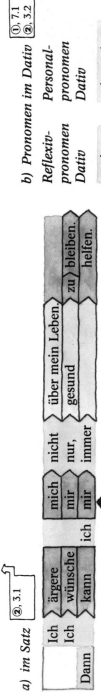

Ich	ärgere	mich	nicht	über mein Leben.
Ich	wünsche	mir	nur,	gesund
Dann	kann	ich	immer	zu bleiben. / helfen.

Reflexivpronomen

sich   anziehen, ärgern, beschweren, unterhalten, wohl fühlen

sich = *Akkusativ*

sich   helfen, wünschen

sich = *Dativ*

2. Reziprok gebrauchte Verben ②, 3.1

Sie lernt ihn kennen. – Er lernt sie kennen. – Die beiden lernen sich kennen.
Sie besucht ihn. – Er besucht sie. – Sie besuchen sich.
Sie verliebt sich in ihn. – Er verliebt sich in sie. – Sie verlieben sich.

⚠ sich = *Akkusativ*

b) Pronomen im Dativ ①, 7.1 ②, 3.2

Reflexiv-pronomen Dativ	*Personal-pronomen Dativ*
mir	mir
dir	dir
sich	Ihnen
sich	ihm/ihr/ihm
uns	uns
euch	euch
sich	ihnen

⚠ Er hilft sich
≠ Er hilft ihm.

Er hilft ihr
Sie hilft ihm
Sie helfen sich.

⚠ sich = *Dativ*

3. Akkusativergänzung + Dativergänzung als unbetonte Ergänzungen

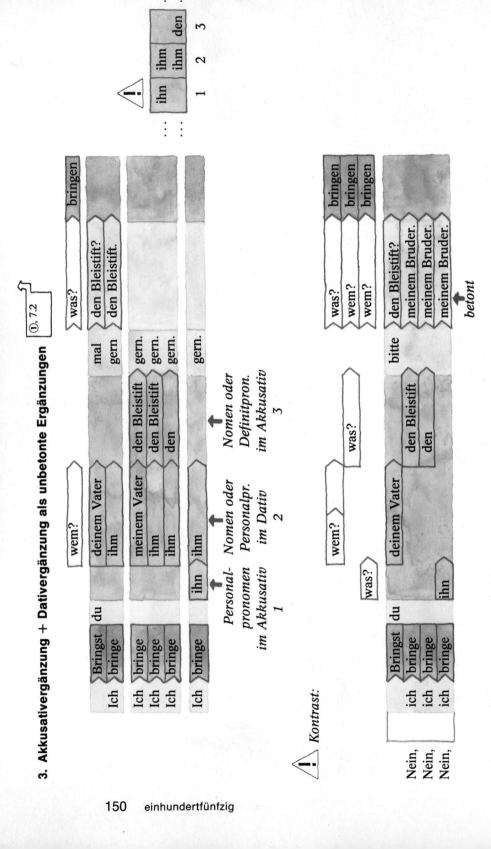

4. Verben mit Präpositionalergänzung

für ... (Akk.) — sprechen, streiken, brauchen, demonstrieren, sein, sparen, ausgeben
sich für (Akk.) — interessieren

über ... (Akk.) — lachen, nachdenken, sprechen, schimpfen, berichten
sich über (Akk.) — aufregen, ärgern, beschweren, freuen, unterhalten

gegen ... (Akk.) — sein, etwas haben, streiken, demonstrieren

von ... (Dat.) — sprechen, erzählen

an ... (Akk.) — denken
an ... (Dat.) — kritisieren, finden

nach ... (Dat.) — fragen

zwischen ... (Dat.) — wählen
sich zwischen (Dat.) — entscheiden

zu ... (Dat.) — sagen, brauchen, gehören

auf ... (Akk.) — warten, reagieren, steigen
sich auf (Akk.) — freuen

mit ... (Dat.) — spielen, vergleichen, (zusammen) wohnen, zusammenarbeiten
sich mit (Dat.) — unterhalten

Die Stammformen der starken Verben

Infinitiv	3.Pers.Sg. Präsens	3.Pers.Sg. Präteritum	Partizip II
anfangen	fängt an	fing an	angefangen
backen	bäckt	buk (backte)	gebacken
beginnen	beginnt	begann	begonnen
bekommen	bekommt	bekam	bekommen
bewerben	bewirbt	bewarb	beworben
bieten	bietet	bot	geboten
bleiben	bleibt	blieb	geblieben
braten	brät	briet	gebraten
brechen	bricht	brach	gebrochen
brennen	brennt	brannte	gebrannt
bringen	bringt	brachte	gebracht
denken	denkt	dachte	gedacht
empfehlen	empfiehlt	empfahl	empfohlen
einladen	lädt ein	lud ein	eingeladen
essen	ißt	aß	gegessen
fahren	fährt	fuhr	gefahren
fallen	fällt	fiel	gefallen
finden	findet	fand	gefunden
fliegen	fliegt	flog	geflogen
fließen	fließt	floß	geflossen
geben	gibt	gab	gegeben
gefallen	gefällt	gefiel	gefallen
gehen	geht	ging	gegangen
genießen	genießt	genoß	genossen
gewinnen	gewinnt	gewann	gewonnen
gießen	gießt	goß	gegossen
halten	hält	hielt	gehalten
heben	hebt	hob	gehoben
heißen	heißt	hieß	geheißen
helfen	hilft	half	geholfen
kennen	kennt	kannte	gekannt
kommen	kommt	kam	gekommen
lassen	läßt	ließ	gelassen
laufen	läuft	lief	gelaufen
lesen	liest	las	gelesen
liegen	liegt	lag	gelegen
lügen	lügt	log	gelogen
nehmen	nimmt	nahm	genommen
nennen	nennt	nannte	genannt
raten	rät	riet	geraten
rufen	ruft	rief	gerufen
scheinen	scheint	schien	geschienen
schießen	schießt	schoß	geschossen
schlafen	schläft	schlief	geschlafen
schlagen	schlägt	schlug	geschlagen
schließen	schließt	schloß	geschlossen
schneiden	schneidet	schnitt	geschnitten
schreiben	schreibt	schrieb	geschrieben
schweigen	schweigt	schwieg	geschwiegen
schwimmen	schwimmt	schwamm	geschwommen
sehen	sieht	sah	gesehen
singen	singt	sang	gesungen
sitzen	sitzt	saß	gesessen
sprechen	spricht	sprach	gesprochen
springen	springt	sprang	gesprungen
stehen	steht	stand	gestanden
stehlen	stiehlt	stahl	gestohlen
steigen	steigt	stieg	gestiegen
streiten	streitet	stritt	gestritten
tragen	trägt	trug	getragen
treffen	trifft	traf	getroffen
treiben	treibt	trieb	getrieben
tun	tut	tat	getan
vergessen	vergißt	vergaß	vergessen
verlieren	verliert	verlor	verloren
wachsen	wächst	wuchs	gewachsen
waschen	wäscht	wusch	gewaschen
werden	wird	wurde	geworden
werfen	wirft	warf	geworfen
wiegen	wiegt	wog	gewogen
wissen	weiß	wußte	gewußt
ziehen	zieht	zog	gezogen

Die Wochentage

Montag	Freitag
Dienstag	Samstag
Mittwoch	Sonntag
Donnerstag	

Die Monatsnamen

Januar	April	Juli	Oktober
Februar	Mai	August	November
März	Juni	September	Dezember

Abkürzungen

ARD	Arbeitsgemeinschaft der Rundfunkanstalten Deutschlands
betr.	betrifft
BRD	Bundesrepublik Deutschland
ca.	circa
CDU	Christlich Demokratische Union
cm	Zentimeter
CSU	Christlich Soziale Union
DDR	Deutsche Demokratische Republik
Fa.	Firma
FDP	Freie Demokratische Partei
geb.	geboren
gest.	gestorben
HBF	Hauptbahnhof
inkl.	inklusive
kath.	katholisch
km/h	Kilometer pro Stunde
l	Liter
Mwst.	Mehrwertsteuer
PVC	Polyvinylchlorid
SO₂	Schwefeldioxyd
SPD	Sozialdemokratische Partei Deutschlands
u. a.	unter anderem
Überst.	Überstunde
UdSSR	Union der Sozialistischen Sowjet-Republiken
usw.	und so weiter
ViSdP	Verantwortlich im Sinne des Pressegesetzes
z. B.	zum Beispiel
ZDF	Zweites Deutsches Fernsehen

Lösungen zu Seite 9:

3. Diskutieren Sie jetzt im Kurs:

1 Peter, 2 Klaus, 3 Hans, 4 Uta, 5 Brigitte, 6 Eva
4. Die Personen auf dem Photo sind drei Ehepaare:
Peter und Brigitte; Klaus und Uta; Hans und Eva.

Lösungen zu Seite 104:

1c, 2a, 3a, 4b, 5c, 6c, 7b, 8b, 9c, 10a (1984)

Alphabetische Wortliste

Die Wortliste führt alle Wörter und Wendungen auf, die in den B-Teilen der Lektionen dieses Lehrbuches vorkommen. Hinter jeder Eintragung ist die Seitenzahl der Stelle angegeben, wo der betreffende Ausdruck zum ersten Mal auftritt. Falls das Wort oder die Wendung später in anderen Bedeutungen eingeführt wird, ist auch hier jeweils das erste Auftreten angegeben. Wörter, die schon in Band 1 dieses Lehrwerks vorkommen, in Band 2 aber in einer abweichenden oder zusätzlichen Bedeutung gebraucht werden, sind noch einmal in die Wortliste aufgenommen worden. Verweise zu anderen Stichworten (→) können sich sowohl auf die Wortliste Band 1 als auch auf die Wortliste Band 2 beziehen. Der Wortschatz für den Grundbaustein Deutsch ist durch halbfetten Druck hervorgehoben. Die starken Verben sind mit einem * gekennzeichnet. Die Stammformen dieser Verben sind auf Seite 152 aufgeführt.

Der neue Wortschatz der C-Teile der Lektionen wurde nicht in die Liste aufgenommen. Er kann in den Glossaren nachgeschlagen werden.

ab S. 55, 75, 103
e Abendschule, -n S. 31
s Abenteuer, - S. 115
r Abflug, ̈e S. 86
s Abgas, -e S. 81
r/e Abgeordnete, -n (ein Abgeordneter) S. 102
s Abgeordnetengehalt, ̈er S. 102
abholen S. 14
s Abitur S. 26
r (e) Abiturient (-in) S. 26
abnehmen* S. 60
e Abrechnung, -en S. 55
abschleppen S. 49
abschließen* S. 86
e Abschlußprüfung, -en S. 31
s Abschlußzeugnis, -se S. 26
e **Abteilung,** -en S. 54
Abzüge (pl.) S. 55
ach S. 42
s Adjektiv, -e S. 15
aggressiv S. 40, 61, 81
ähnlich S. 37
r (e) Akademiker (-in) S. 28
aktiv S. 60
aktuell S. 36
akzeptieren S. 117
alle S. 15
alledem S. 125
e Allee, -n S. 122
allein S. 32
Alliierte (pl.) S. 105
allmählich S. 44
r Alltag S. 43
r Alltagstrott S. 43
Alpen (pl.) S. 75
als S. 23, 28, 48, 56
also S. 9, 18

s Alter S. 112
r Altenclub, -s S. 110
s Altersheim, -e S. 68
e Alterslast, -en S. 112
s Altglas S. 82
s Altöl S. 82
e Aluminiumfolie, -n S. 89
s Amphitheater, - S. 125
s **Amt,** ̈er S. 54
e Analyse, -n S. 36
anblicken S. 127
anderes S. 25
anders S. 60
anderthalb S. 94
r **Anfang,** ̈e S. 63
anfassen S. 127
e Angabe, -n S. 38
angeblich S. 44
s Angebot, -e S. 33
angenehm S. 16
e **Angst,** ̈e S. 22
ängstlich S. 126
angucken S. 126
ankommen* S. 14
anmachen S. 39
anmelden S. 44
annehmen* S. 33
e Anschaffung, -en S. 63
anschauen S. 126
ansein S. 50
e Antarktis S. 89
e Anti-Kriegs-Demonstration, -en S. 106
e **Antwort,** -en S. 28
r Antwortbrief, -e S. 28
anziehen* S. 13, 71
r **Anzug,** ̈e S. 13
e Apotheke, -n S. 86
r **April** S. 31

r (e) **Arbeiter** (-in) S. 52
s Arbeiterviertel, - S. 91
r Arbeitgeber, - S. 17
r Arbeitnehmer, - S. 18
r Arbeitnehmerhaushalt, -e S. 55
e Arbeitsatmosphäre S. 30
e Arbeitserlaubnis S. 96
r (e) Arbeitskollege (-kollegin) S. 15
r Arbeitslohn, ̈e S. 51
arbeitslos S. 17
r/e Arbeitslose, -n (ein Arbeitsloser) S. 17
s Arbeitslosengeld S. 17
e Arbeitslosenversicherung S. 55
e Arbeitslosigkeit S. 95
r Arbeitsort, -e S. 32
r Arbeitsplatz, ̈e S. 29
r Arbeitstag, -e S. 56
e Arbeitszeit, -en S. 25
e ARD S. 36
r Ärger S. 49
ärgern S. 17, 38
arm S. 91
e Armee, -n S. 106
e **Art,** -en S. 92
r Asphalt S. 43
e Asphaltkarriere, -n S. 43
e Asphaltkunst S. 43
r (e) Assistent (-in) S. 113
r Atlantik S. 36
e Atmosphäre S. 92
e Atomwaffe, -n S. 106
attraktiv S. 8
e **Aufenthaltserlaubnis** S. 94
e Aufgabe, -n S. 31
aufgehen* S. 122
aufhören S. 27, 63

aufmachen S. 50
aufnehmen* S. 36, 81
aufpassen S. 71
aufregen S. 43
r Aufzug, ¨e S. 100
aus S. 52
ausbilden S. 56
e Ausbildung, -en S. 24
ausdenken* S. 128
r Ausflug, ¨e S. 76
ausfragen S. 126
r Ausgang, ¨e S. 14
ausgeben* S. 55
ausgezeichnet S. 30
e Auskunft, ¨e S. 95
s Ausland S. 22
r(e) Ausländer (-in) S. 94
s Ausländergesetz, -e S. 100
s Ausländerkind, -er S. 90
ausländisch S. 90
s Auslandsjournal S. 36
ausmachen S. 62
auspacken S. 43
ausreichend S. 26
ausruhen S. 43
e Aussage, -n S. 27
ausschneiden* S. 113
s Aussehen S. 17
außen (→ Außenminister)
r Außenminister, - S. 104
außer S. 99
außerdem S. 28
aussteigen* S. 94
aussuchen S. 27
auswählen S. 67
e Auswanderer-Welle, -n S. 95
r Auswanderer, - S. 96
auswandern S. 94
e Auswanderung S. 96
r Ausweis, -e S. 86
auszahlen S. 55
ausziehen* S. 69, 110
s Autoblech, -e S. 54
s Autoelektroteil, -e S. 54
e Autofabrik, -en S. 54
s Autogeschäft, -e S. 54
s Autohaus, ¨er S. 53
e Autoindustrie S. 54
e Autokarosserie, -n S. 52
automatisch S. 52
r Automechaniker, - S. 24
e Autoproduktion S. 52
r Autor, -en S. 42
r Autoreifen, - S. 54

e Autoteilefabrik, -en S. 54
e Autoversicherung, -en S. 54
e Autowerkstatt, ¨en S. 24

s Baby, -s S. 63
r Babysitter, - S. 16
backen* S. 113
e Bäckerei, -en S. 100
r Bäckermeister, - S. 95
baden S. 76
s Badezimmer, - S. 17
r Bahnsteig, -e S. 14
bald S. 63
balde (→ bald) S. 80
r/e Bankangestellte, -n S. 12
e Bankfachkraft, ¨e S. 23
s Bankkonto, Bankkonten S. 56
r Bart, ¨e S. 43
bauen S. 94
r Baukasten, ¨ S. 121
r Baum, ¨e S. 74
Bayern S. 36
bayrisch S. 102
r Beamte, -n (ein Beamter) S. 17
beantragen S. 44
bedenken* S. 80
beeilen S. 113
befriedigend S. 26
begehen* S. 123
beginnen* S. 43
e Begrüßung, -en S. 92
e Behörde, -n S. 54
bei S. 77
r Beitrag, ¨e S. 36, 112
bekam (→ bekommen) S. 68
bekannt S. 36
r/e Bekannte, -n (ein Bekann-
    ter) S. 114
e Belletristik S. 125
e Bemerkung, -en S. 26
s Benzin S. 48
r Benzinverbrauch S. 48
r Bericht, -e S. 36
s Beruferaten S. 36
e Berufserfahrung S. 30
e Berufsschule, -n S. 26
e Berufswahl S. 32
r/e Beschäftigte, -n (ein Beschäf-
    tigter) S. 54
bescheiden S. 11
beschweren S. 43
r Besen, - S. 53
besonders S. 33
besorgen S. 86

bestätigen S. 106
bestehen* S. 128
bestimmen S. 24
r Bestseller, - S. 125
r Besuch S. 66
betr. (= → betrifft) S. 31
r Betrag, ¨e S. 55
r Betrieb, -e S. 30
s Betriebsklima S. 30
r Betriebsrat, ¨e S. 56
e Betriebsrente, -n S. 30
betrifft S. 31
s Bettuch, ¨er S. 86
bevor S. 90
e Bewegung, -en S. 126
bewerben* S. 28, 31
e Bewerbung, -en S. 28
bewundern S. 80
bezahlt S. 56
e Bezahlung S. 16
e Beziehung, -en S.106
bieten* S. 30
s Bild, -er S. 9
e Bildung S. 55
e Biologie S. 26
bis S. 12, 68
bis zu S. 31, 75
bisschen S. 39
e Bitte, -n S. 92
Blatt (100 Blatt) S.89
s Blatt, ¨er S. 80
blau S. 10
s Blech, -e S. 52
s Blechteil, -e S. 52
r Bleistift, -e S. 89
r Blick, -e S. 117
blieb (→ bleiben) S. 69
blond S. 8
e Bluse, -n S. 12
r Boden, ¨ S. 43, 105,
e Bodenfläche S. 78
r Bodensee S. 76
s Boot, -e S. 121
böse S. 80
e Botschaft, -en S. 95
e Boutique, -n S. 123
braten* S. 36
braun S. 10
r Brei S. 41
breit S. 121
r Bremsbelag, ¨e S. 51
e Bremse, -n S. 49
s Bremslicht, -er S. 49
e Briefmarke, -n S. 89

r **Briefumschlag,** ⸚e S. 100
e **Brille,** -n S. 12
r **Bruder,** ⸚ S. 24
brutto S. 32
r Bruttoverdienst S. 55, 112
e Buchhandlung, -en S. 17
r Bundesbürger, - S. 103
r/e Bundesdeutsche, -n (ein
    Bundesdeutscher) S. 106
e Bundeshauptstadt S. 102
r Bundeskanzler, - S. 22
r Bundespräsident, -en S. 102
r Bundesrat S. 102
e Bundesregierung, -en S. 102
r Bundestag S. 102
r/e Bundestagsabgeordnete, -n
    (ein Bundestagsabgeordne-
    ter) S. 102
r Bündnispartner, - S. 104
bunt S. 121
e Burg, -en S. 123
r (e) Bürger (-in) S. 44
r/e Büroangestellte, -n (ein
    Büroangestellter) S. 23
e Büroarbeit, -en S. 115
r Büroberuf, -e S. 28
r Bürokaufmann, (-kaufleute)
    S. 24
r Bursche, -n S. 41
e **Bürste,** -n S. 114
r **Bus,** -se S. 32

ca. (= circa) S. 30
r Calypso S. 36
s Camping S. 87
r Camping-Gasofen, ⸚ S. 89
r Campingurlaub S. 87
e CDU S. 102
e Chance, -n S. 16
e Check-Liste, -n S. 86
e Chefhexe, -n S. 23
e Chefsekretärin, -nen S. 30
chemisch S. 55
chinesisch S. 36
r (e) Christ (-in) S. 92
r Clown, -s S. 8
cm (= → Zentimeter) S. 8
s CO_2 (Kohlendioxyd) S. 56
r Comic, -s S. 124
r Cousin, -s S. 71
e Cousine, -n S. 71
e CSU S. 102

da S. 28, 77

dabei bleiben S. 42
dabei haben S. 86
dabei sein S. 92
s **Dach,** ⸚er S. 52, 110
dachte (→ denken) S. 68
dadurch S. 81
dafür S. 17, 38, 48, 64, 81
dagegen S. 64
dagegen sein S. 45
damals S. 68
e Dame, -n S. 31
damit S. 55, 91, 94
danach S. 24
danken S. 110
darauf S. 128
daraus S. 52
darüber S. 38
das (Rel.-Pron.) S. 79
dasein S. 43
daß S. 63
dasselbe S. 39
s **Datum, (Daten)** S. 55
dauernd S. 67
davon S. 36, 90, 128
dazu S. 12, 24
dazubekommen* S. 56
e **Decke,** -n (→ Wolldecke)
e Demokratie S. 104
demokratisch S. 102
s Demonstrationsgesetz, -e S. 102
den (→ der) (Rel.-Pron.) S. 79
denken* S. 15
der (→ die) (Genitiv) S. 48, 71
der (Rel.-Pron.) S. 79
des (→ das) (Genitiv) S. 19, 30
deuten S. 126
deutlich S. 69
e **Deutsche Bundespost** S. 14
deutschfreundlich S. 94
dezent S. 12
e Diätküche S. 36
dich (→ du) S. 38
die (Rel.-Pron.) S. 79
e Dienstleistung, -en S. 54
s **Ding,** -e S. 89
s Diplom, -e S. 29
e Diskussion, -en S. 102
s Diskussionsthema, (-themen)
    S. 38
r Dollar, -s S. 95
r (e) Dolmetscher (-in) S. 22
s Dolmetscherdiplom, -e S. 24
s Dolmetscherinstitut, -e S. 31
doppelt S. 36, 81

r Dorfälteste, -n (-er) S. 92
s Dorfkind, -er S. 92
dorthin S. 123
draußen S. 77
dreimal S. 56
dringend S. 30
e Droge, -n S. 36
e Drogenszene S. 36
e **Drogerie,** -n S. 86
r Druck S. 55
drücken S. 54
s Druckhaus, ⸚er S. 14
e Druckindustrie S. 55
drum S. 80
r Duft, ⸚e S. 127
dumm S. 8
dunkel S. 14
dunkelblau S. 12
dünn S. 8
r Durchschnitt, -e S. 48
durchschnittlich S. 112
durfte (→ dürfen) S. 24
dürfte (→ dürfen) S. 45
r **Durst** S. 41
durstig S. 41
duschen S. 62
dynamisch S. 30

eben S. 15
e **Ecke,** -n S. 41
egal S. 16
e Ehe, -n S. 64
r (e) Eheberater (-in) S. 62
e Ehefrau, -en S. 11
s Ehejahr, -e S. 63
s Ehemann, ⸚er S. 15
s Ehepaar, -e S. 9
r Ehepartner, - S. 118
r Eherekord S. 116
ehrlich S. 16
eigen S. 52
eigentlich S. 45, 128
eines Tages S. 125
einfach S. 44
r Einfluß, (Einflüsse) S. 105
eingeladen S. 91
einige S. 43
r Einkauf, ⸚e S. 43
s Einkaufszentrum, (-zentren) S.
s Einkommen, - S. 55
einmal (→ noch einmal) S. 31
einmal S. 44
einpacken S. 77
einrichten S. 111

fragen 44, 96
s Fragespiel, -e S. 71
frei bekommen S. 56
e Freiheit, -en S. 95
freiwillig S. 26
e Freizeit S. 23
fremd S. 68
fremdartig S. 36
r Fremdenverkehr S. 78
e Fremdsprache, -n S. 26
e Freud (= Freude) S. 41
freuen S. 14, 38, 110
freundlich S. 11
e Freundschaft, -en S. 91
r Friedensvertrag, ¨e S. 105
frisch S. 12, 77, 115
frische Luft S. 124
e Friseuse, -n S. 23
e Frisur, -en S. 12
froh S. 56
früh S. 50, 52, 69
früher S. 17, 28, 40
r Frühstückstisch, -e S. 123
fühlen S. 69
führen S. 17, 36
e Fünf-Tage-Woche S. 30
r Funk- und Fernsehtechniker
   S. 23
für S. 43, 45, 51, 56
fürchten S. 126
fürs (= für das) S. 40
r Fußballstar, -s S. 99
r Fußballverein, -e S. 99
e Fußgängerzone, -n S. 43

gab (→ geben) S. 68
ganz S. 19, 30, 33
gar nicht S. 18
e Garage, -n S. 54
r Garten, ¨ S. 65
e Gartenparty, -s S. 76
s Gas S. 55
r Gast, ¨e S. 36
r (e) Gastarbeiter (-in) S. 99
Gasteltern (pl.) S. 91
s Gästezimmer, - S. 113
e Gastfamilie, -n S. 91
e Gastfreundschaft S. 91
geb. (= → geboren) S. 31
s Gebiet, -e S. 81
s Gebirge, - S. 78
geboren S. 31
gebrauchen S. 82
gebraucht S. 115

s Gedächtnis S. 9
r Gedanke, -n S. 42
gedankenverloren S. 127
s Gedicht, -e S. 121
e Geduld S. 128
geehrt S. 31
e Gefahr, -en S. 101
gegen S. 52, 75, 99
e Gegend, -en S. 78
gegenüberstehen* S. 126
s Gehalt, ¨er S. 30
e Gehaltsabrechnung, -en S. 55
geheimnisvoll S. 125
gehen* S. 42, 50, 112, 123
gehören S. 10, 70, 111
r Geist S. 92
gelb S. 10
s Geld S. 17
s Geldproblem, -e S. 102
gelernt S. 56
s Gemälde, - S. 123
gemeinsam S. 116
genau S. 9, 16
genauso S. 48
e Generation, -en S. 68
genießen* S. 63
s Gepäck (→ Fluggepäck)
e Gepäckversicherung, -en S. 86
geprüft S. 31
gerade S. 14, 53, 75, 128
gern haben S. 117
gern mögen S. 61
gesamt S. 55
e Gesamtschule, -n S. 27
s Geschäft, -e S. 30
r Geschäftskontakt, -e S. 30
Geschäftsleute (pl.) S. 43
r Geschäftsmann, (-leute) S. 45
e Geschäftsreise, -n S. 87
r Geschäftsverkehr S. 45
e Geschichte S. 107
e Geschwindigkeit, -en S. 48
Geschwister (pl.) S. 91
e Gesellschaftslehre S. 26
s Gesetz, -e S. 69
gest. (= gestorben → sterben) S. 70
gestehen* S. 122
gesund S. 11
s Gesundheitsmagazin, -e S. 36
e Gewerkschaft, -en S. 55
r (e) Geschwerkschafter (-in) S. 36
s Gewicht, -e S. 48
gewinnen* S. 22
gewiß S. 41

s Gewitter, - S. 75
gewöhnen S. 36
gewöhnlich S. 43
s Gewürz, -e S. 36
gießen* S. 82
s Gift, -e S. 81
giftig S. 82
r Giftstoff, -e S. 81
r Gipfel, - S. 80
s Glas S. 82
r Glascontainer, - S. 82
s Glasfenster, - S. 92
e Glasflasche, -n S. 82
glauben S. 8, 19, 92
glaubwürdig S. 36
gleich S. 19, 25, 39
gleichzeitig S. 75
s Glück S. 92, 95, 110
glücklich S. 64
r Glückwunsch, ¨e S. 38
s Gold S. 92
golden S. 116
e goldene Hochzeit S. 116
e Goldmedaille, -n S. 22
r Golf S. 75
r Gott, (Götter) S. 92
r Grad, -e S. 74
e Grafik, -en S. 82
grau S. 10
e Grenze, -n S. 79
grillen S. 65
e Größe, -n S. 12
Großeltern (pl.) S. 66
e Großmutter, ¨ S. 68
e Großstadt, ¨e S. 36, 70
r Großvater, ¨ S. 24
grün S. 10
Grün S. 102, 118
r Grund, ¨e S. 32
r Grundlagenvertrag, ¨e S. 106
s Grundrecht, -e S. 102
e Grundschule, -n S. 26
grünen S. 80
e Gruppe, -n S. 36, 89
e Guitarre, -n S. 86
günstig S. 56
gutbürgerlich S. 68
Gute Nacht S. 66
s Gymnasium, (Gymnasien) S. 26

s Haar, -e S. 12
habe S. 123
haben S. 10
half (→ helfen) S. 69

e **Hälfte,** -n S. 94
e Halle, -n S. 56
halten* S. 56, 67, 127
e **Haltestelle,** -n S. 32
s Hammelfleisch S. 92
e **Hand,** ̈e S. 123
e Handbremse, -n S. 50
s Handbremsseil, -e S. 51
r Handel S. 36, 78
handeln S. 128
s **Handtuch,** ̈er S. 86
r **Handwerker,** - S. 70
e Handzeichnung, -en S. 123
hängen S. 62
r Harem S. 92
s Harfenmädchen, - S. 122
hart S. 68
hätte (→ haben) S. 41
r Hauch S. 80
r Haupteingang, ̈e S. 14
e Hauptsache, -n S. 56
r Hauptschulabschluß
   (-abschlüsse) S. 26, 27
e Hauptschule, -n S. 26
e Hauptschulklasse, -n S. 90
e Hausaufgabe, -n S. 65
e **Hausfrau,** -en S. 38
r Haushalt, -e S. 113
s Haushaltsgeld S. 55
r Haushaltsreiniger, - S. 83
r Hausherr, -en S. 92
r Hauskauf S. 96
r Hausmüll S. 82
r Hausrat S. 55
e Hauswirtschafterin, -nen S. 23
e Haut, ̈e S. 36
HBF (= → Hauptbahnhof) S. 14
heben* S. 126
heilig S. 92
r Heilige Geist S. 92
e Heimat S. 95
e Heirat S. 31
r Heiratsurlaub S. 117
heiß S. 74
heißen* S. 28, 56
heiter S. 36
heizen S. 82
e Heizung, -en S. 55, 86
hellblau S. 12
s **Hemd,** -en S. 13
her S. 122
herausfinden* S. 127
herauskommen* S. 80
heraussuchen S. 82

r Herbsttag, -e S. 122
herkommen* S. 127
s Heroin S. 36
heroinsüchtig S. 36
r/e Herointote, -n (ein Heroin-
   toter) S. 36
herrlich S. 78
s Herz, -en S. 122
e Herzchirurgie S. 36
r/e Herzkranke, -n (ein Herz-
   kranker) S. 36
herzlich S. 38, 92
hessisch S. 102
e Hetze S. 128
e Hexe, -n S. 8
hiermit S. 31
e Hilfe, -n S. 111
hin und her S. 122
hinaufgehen* S. 92
hinführen S. 127
hinten S. 50
r Hintergrund, ̈e S. 36
r Hit, -s S. 36
s Hobby-Buch, ̈er S. 123
hoch S. 48
s **Hoch** S. 75
hoch S. 75, 112
s Hochband, ̈er S. 56
e Hochschule, -n S. 26
höchstens S. 70
e Höchstgeschwindigkeit, -en
   S. 48
r **Hof,** ̈e S. 113
hoffen S. 63, 95
hoffentlich S. 91
hohe (→ hoch) S. 78
s **Holz** S. 114
s Holzregal, -e S. 113
e **Hose,** -n (→ Hosenanzug)
r Hosenanzug, ̈e S. 36
s Hotelzimmer, - S. 86
HSV S. 99
s **Huhn,** ̈er S. 32
r Humor S. 61
r **Hund,** -e S. 22
hunderttausend S. 95
r **Hunger** S. 41
hungern S. 36
hungrig S. 80
r Hut, ̈e S. 41
ideal S. 12
IG S. 55
imaginär S. 43
immer S. 30

immerfort S. 128
immerzu S. 127
impfen S. 86
r Import, -e S. 31
importieren S. 81
e Industrie- und Handelskam-
   mer S. 31
s Industriezentrum, (-zentren) S. 81
informieren S. 95
r Inhalt, -e S. 124
inkl. (= inklusive) S. 48
s Inland S. 30
innen (→ Innenpolitik)
e Innenpolitik S. 99
innerhalb S. 81
e Insel, -n S. 79
insgesamt S. 55
r Installateur, -e S. 23
s Institut, -e S. 31
s Instrument, -e S. 36
intelligent S. 8, 10
interessant S. 11
interessieren S. 38, 51
interessiert S. 92
s Interview, -s S. 63
interviewen S. 101
irgend etwas S. 127
irgendwie S. 91
irgendwo S. 80
irgendwohin S. 126
r Irokese, -n S. 17
e Irokesenfrisur, -en S. 17

ja S. 14, 39, 42, 66
e **Jacke,** -n S. 12
r Jäger, - S. 42
e Jahreszahl, -en S. 107
s Jahrhundert, -e S. 80
jährig S. 43
je S. 23
Jeans (pl.) S. 18
jeden Morgen S. 17
jedenfalls S. 127
jeder jede jedes S. 15
jedesmal S. 39
jener jene jenes S. 127
jetzig S. 31
r Job, -s S. 15
r Joghurt S. 92
s Journal S. 36
r (e) Journalist (-in) S. 68
e Jugend S. 23
r/e Jugendliche, -n (ein Jugend-
   licher) S. 28

e Nachkriegsgeschichte S. 105
nachmachen S. 116
nachmittag S. 50
e **Nachricht,** -en S. 99
Nachrichten (pl.). S. 37
nächste S. 9
nächtlich S. 42
nachts S. 22
r Nachtwächter, - S. 22
e **Nähe** S. 36
näher S. 126
nannte (→ nennen) S. 23
naß S. 74
e Nation, -en S. 106
e Nato S. 106
e **Natur** S. 40
natürlich S. 61
r **Nebel,** - S. 74
neben S. 113
Nebenkosten (pl.) S. 56
r Nebensatz, ¨e S. 23
r Neffe, -n S. 71
negativ S. 28
nehmen* S. 123
nennen* S. 23, 126
nett S. 8
r Netto-Verdienst S. 55
s Nettoeinkommen, - S. 55
neutral S. 104
e Nichte, -n S. 71
r (e) Nichtraucher (-in) S. 118
r Nichtstuer, - S. 43
nicken S. 126
nie S. 24
nie mehr S. 42
niederschreiben* S. 128
niedrig S. 48
niemand S. 28
nirgends S. 28
nirgendwo S. 126
noch S. 25, 40, 88
noch einmal S. 31
noch etwas S. 50
noch nie S. 24
noch was S. 50
nochmal, noch mal (= → noch
  einmal) S. 33, 117
r Nord-Westen S. 75
r Norddeutsche Rundfunk S. 36
r **Norden** S. 75
e Nordsee S. 76
normal S. 17
s Normalbenzin S. 48
normalerweise S. 36

e Note, -n S. 27
r Notendurchschnitt, -e S. 28
notieren S. 32
nötig S. 45
e Notiz, -en S. 32
notwendig S. 89
e **Nudel,** -n S. 36
nun mal S. 39

ob S. 41
oben S. 56
obwohl S. 24
oder S. 93
r **Ofen,** ¨ (→ Elektroofen)
offen S. 16, 44, 106
offiziell S. 28
e Ohrfeige, -n S. 68
s **Öl,** -e S. 49, 82
e Olive, -n S. 91
s Ölkraftwerk, -e S. 81
e Oma, -s S. 110
r Onkel, - S. 71
r Opa, -s S. 110
e Operation, -en (→ Knieoperation)
e Ordnung, -en S. 14
s Ordnungsamt, ¨er S. 44
e Organisation, -en S. 36
r **Ort,** -e S. 45, 54
r Osten S. 75
r Ostermarsch, ¨e S. 105
e Ostsee S. 78
oval S. 10

s **Paar,** -e S. 63
s **Päckchen,** - S. 100
packen S. 86
s **Paket,** -e S. 100
r Pakt S. 106
e **Panne,** -n S. 49
s Pantomimen-Spiel S. 43
r Pantomimenkurs, -e S. 44
e Papierfabrik, -en S. 14
r Papierkorb, ¨e S. 43
s Parlament, -e S. 99
parlamentarisch S. 104
e Parlamentskammer, -n S. 103
e **Partei,** -en S. 102
r Partner, - S. 70
r **Paß, Pässe** S. 86
passen S. 9
r Pazifik S. 89
peng! S. 40
r (e) Pensionär (-in) S. 111

perfekt S. 30
e Person, -en S. 8
e Personalabteilung, -en S. 31
r Personalchef, -s S. 31
persönlich S. 14
e Persönlichkeit, -en S. 30
r Pfarrer, - S. 8
r **Pfeffer** S. 38, 89
r **Pfennig,** -e S. 43
e Pferdestärke, -n S. 48
e Pflanze, -n S. 74
s **Pflaster** S. 86
r Pflichtunterricht S. 26
s **Pfund,** -e S. 36
e Phantasie, -n S. 125
s Photo (= → Foto) S. 9
e Physik S. 26
e Pizza, -s S. 92
s Plakat, -e S. 82
r Plan, ¨e S. 105
planen S. 89
Plastik (→ Plastikflasche)
e Plastikflasche, -n S. 83
e Plastiktasche, -n S. 89
e Plastiktüte, -n S. 83
r **Platz,** ¨e S. 43, 86, 94
plus S. 56
e **Politik** S. 37
politisch S. 102
r Polizist, -en S. 29
e Popmusik S. 42
e Portion, -en S. 92
e **Post** (→ Poststreik)
s Postfach, ¨er S. 30, 79
e Postkarte, -n S. 116
r Poststreik, -s S. 100
s Praktikum, Praktika S. 94
praktisch S. 24
s Präsens S. 23
s Präteritum S. 23
e Praxis S. 36
r **Preis,** -e S. 48, 79, 95
r Preiskrieg, -e S. 99
s Preisrätsel, - S. 78
preiswert S. 48
e Presse S. 99
pressen S. 52
s Prestige S. 32
privat S. 91
r (e) Privatlehrer (-in) S. 68
r Problemfilm, -e S. 38
s Produkt, -e S. 54
e Produktion S. 56
s **Programm,** -e S. 36

s Projekt, -e S. 102
protestieren S. 106
s **Prozent,** -e S. 27
r Prozeß, (Prozesse) S. 17
e Prüfabteilung, -en S. 54
prüfen S. 52
e **Prüfung,** -en (→ Abschlußprüfung) S. 31
PS (= → Pferdestärke) S. 48
s Psycho-Spiel, -e S. 15
r (e) Psychologe (Psychologin) S. 8
r **Pullover,** - S. 12
r Punk, -s S. 17
e Punkhexe, -n S. 18
r Punkt, -e S. 15
pünktlich S. 16
e Pünktlichkeit S. 60
s PVC S. 83

e **Qualität,** -en S. 45
s Quiz S. 78
e Quizsendung, -en S. 38

e Rache S. 36
s **Rad,** ̈er S. 52
rasch S. 128
r Ratgeber, - S. 96
e Ratgebersendung, -en S. 38
r Rathausmarkt, ̈e S. 43
e Rationalisierung S. 56
ratlos S. 126
r Rauch S. 122
r (e) Raucher (-in) S. 99
raus S. 56
s Rauschgift, -e S. 36
reagieren S. 92
real S. 36
realistisch S. 36
r Realschulabschluß (-abschlüs-
   se) S. 26
e Realschule, -n S. 26
r (e) Realschüler (-in) S. 27
r Realschulzweig, -e S. 26
r Rebell, -en S. 69
rechnen S. 112
e **Rechnung,** -en S. 51
e Rechnungsabteilung, -en S. 30
rechts S. 50
r Rechtsanwalt, ̈e S. 17
e Redaktion, -en S. 12
reden S. 61
s Reflexivpronomen, - S. 111
s **Regal,** -e (→ Holzregal)
regelmäßig S. 39

r **Regen** S. 74
r Regenwald, ̈er S. 75
e Regie S. 36
regieren S. 113
e **Regierung,** -en S. 105
r Regierungschef, -s S. 103
regional S. 38
s Regionalparlament, -e S. 103
s Regionalprogramm, -e S. 36
regnen S. 74
reich S. 11
s Reich S. 125
s Reich, -e S. 104
r Reifen, - S. 49
e Reihenfolge, -n S. 18
r Reim, -e S. 121
e **Reinigung,** -en S. 86
e **Reise,** -n S. 29
s Reisebuch, ̈er S. 123
e Reisegruppe, -n S. 89
e Reiseplanung S. 87
r Reiseprospekt, -e S. 86
r Reisescheck, -s S. 86
r (e) Reiseteilnehmer (-in) S. 89
r Reisewetterbericht, -e S. 76
e Religion, -en S. 26
e **Rente,** -n S. 112
s Rentenniveau S. 112
e Rentenversicherung, -en S. 55
e **Reparatur,** -en S. 48
reparieren S. 51
e Reportage, -n S. 36
r (e) Reporter (-in) S. 86
repräsentativ S. 103
e Republik, -en S. 104
reservieren S. 86
s Resultat, -e S. 82
retten S. 89
s **Rezept,** -e S. 36
e Rheinarmee S. 102
richtig S. 11, 15, 27, 68
r Riesenslalom S. 36
r Ring, -e S. 125
r Roboter, - S. 52
r **Rock,** ̈e S. 12
s Rollenspiel, -e S. 28
r Roman, -e S. 123
e Rose, -n S. 125
r Rost S. 52
rot S. 10
s Rotkäppchen S. 80
e Rubrik, -en S. 99
r Rückblick, -e S. 116
rufen* S. 121

e Ruh (= → Ruhe) S. 80
e Ruhe, S. 65, 80
ruhen S. 80
ruhig S. 15
rund S. 10, 55
r Rundfunk S. 36

sabotieren S. 17
e **Sache,** -n S. 19, 43
e Sahara S. 89
s **Salz** S. 89
sammeln S. 43
samstags S. 32
r Sand S. 121
sauber S. 24
saubermachen S. 28
e **Sauce,** -n S. 65
r Schafskäse S. 91
scharf S. 102
r **Schatten,** - S. 42
r (e) Schauspieler (-in) S. 43
r **Scheck,** -s (→ Reisescheck)
r Scheibenwischer, - S. 49
e Scheidung, -en S. 31
r **Schein,** -e (→ Krankenschein)
seinen* S. 74
schicken S. 12, 30, 42
s **Schiff,** -e S. 75
e Schildkröte, -n S. 128
schimpfen S. 65
r **Schirm,** -e S. 77
schlagen* S. 41
e Schlagzeile, -n S. 99
schlank S. 8
schlief (→ schlafen) S. 68
schließlich S. 68
r Schlosser, - S. 116
r **Schluß,** Schlüsse (→ zum
   Schluß)
r **Schlüssel,** - S. 86
schmal S. 10
schmutzig S. 24
r **Schnaps,** ̈e S. 89
r **Schnee** S. 74
schneien S. 74
r Schnellkurs, -e S. 43
schon S. 66, 77, 91
r Schornstein, -e S. 81
schrecklich S. 81, 92
r **Schuh,** -e S. 12
r (e) Schulabgänger (-in) S. 23
r Schulabschluß (-abschlüsse) S. 27
Schulaufgaben (pl.) S. 110
e **Schule,** -n S. 25

s Schülerproblem, -e S. 36
s Schulfach, ¨er S. 27
s Schuljahr, -e S. 27
e Schulklasse, -n S. 128
r (e) Schulleiter (-in) S. 26
s Schulsystem, -e S. 27
e Schulzeit S. 28
schützen S. 52
schwach S. 48
r Schwager, ¨ S. 71
e Schwägerin, -nen S. 71
schwarz S. 10
schwarzhaarig S. 8
s Schwefeldioxyd S. 81
e Schwefelsäure S. 81
schweigen* S. 80
schweißen S. 52
r Schweißer, - S. 56
e Schweißerei, -en S. 54
schwer S. 11, 17, 24, 25, 36
e Schwerarbeit S. 92
e Schwester, -n S. 28
e Schwesterpartei, -en S. 102
schwierig S. 50
sehnen S. 122
sei (Imperativ) (→ sein) S. 28
e Seife, -n S. 86
s Seil, -e S. 89
seit S. 31, 110
e Seite, -n S. 41, 56
e Seite, -n (→ Seitenteil) S. 52
s Seitenteil, -e S. 52
s Sekretariat, -e S. 111
r Sekretärinnenkurs, -e S. 31
e Sekunde, -n S. 56
selber S. 82
selbst S. 19, 92
selbständig S. 24, 70, 105
e Sendezeit, -en S. 38
e Sendung, -en S. 36
s Seniorenheim, -e S. 111
s Seniorentreffen, - S. 112
setzen S. 44, 116
seufzen S. 126
e Show, -s S. 38
sich (→ er, sie) S. 17, 38, 110
sich (→ sie, pl.) S. 116
sicher S. 16, 19, 29, 36
e Sicherheit S. 32
silbern S. 116
e silberne Hochzeit S. 116
singen* S. 36
sinkend S. 112
r Sitz, -e S. 52

sitzen* S. 92
r Ski, (Skier) S. 87
Ski-Schuhe (pl.) S. 87
r Ski-Weltcup S. 36
s SO₂ S. 81
so S. 12, 15, 28, 92, 116
so daß S. 75
so etwas S. 43
s Sofa, -s S. 68
r Sohn, ¨e S. 40
solch S. 41
sollen S. 30, 50, 63, 76
sollte (→ sollen) S. 24, 38, 51
e Sommerszeit S. 80
r Sommerurlaub S. 56
s Sonderdezernat S. 36
sonnig S. 75
sonst S. 18, 50, 75
sonstige S. 94
e Sorge, -n S. 11
soviel S. 40
soweit S. 126
e Sowjetunion S. 105
sozial S. 32
r Sozialhelfer, - S. 36
sozialistisch S. 104
e Sozialkunde S. 26
e Sozialleistung, -en S. 30
r (e) Sozialpädagoge (-pädago-
gin) S. 23
r (e) Soziologe (Soziologin) S. 36
spannend S. 36
sparen S. 56, 82
sparsam S. 11
Spaß machen S. 29
r Spaziergang, ¨e S. 76
e SPD S. 102
r Spiegel, - S. 49, 89
spielen S. 43, 51, 65, 113, 114
r Spielfilm, -e S. 36
Spielsachen (pl.) S. 40
r Sport S. 26
s Sportbuch, ¨er S. 123
r (e) Sportler, (-in) S. 22
sportlich S. 12
e Sportmöglichkeit, -en S. 30
r Sportschuh, -e S. 13
r Sportverein, -e S. 123
e Sprache, -n S. 22
s Sprachinstitut, -e S. 24
Sprachkenntnisse (pl.) S. 30
s Sprachpraktikum, (-praktika)
S. 31
s Sprachproblem, -e S. 91

r Sprecher, - S. 102
e Sprechstunde, -n S. 36
e Sprechstundenhilfe, -n S. 23
springen* S. 122
spritzen S. 52
e Spur, -en S. 36
spüren S. 80
r Staat, -en S. 104
r Staatschef, -s S. 103
s Stadion, (Stadien) S. 99
städtisch S. 36
e Stadtmitte S. 45
r Stadtrat S. 44
r Stadtteil, -e S. 100
s Stadtzentrum, (-zentren) S. 100
stammen S. 116
ständig S. 113
r Star, -s S. 36
starb (→ sterben) S. 68
stark S. 16, 48, 102
starten S. 115
e Statistik, -en S. 28
statt S. 105
e Steckdose, -n S. 113
stehen* S. 17, 18, 56, 91
stehenbleiben* S. 43
stehlen* S. 41
steigend S. 112
e Stelle, -n S. 17
s Stellenangebot, -e S. 17
e Stellensuche S. 17
e Steuer, -n S. 48, 94
steuerfrei S. 55
s Stichwort, -e S. 118
r Stil, -e S. 12
still S. 11, 65
stillstehen S. 125
r Stoff, -e S. 81
stolz S. 116
stören S. 45
r Strand, ¨e S. 77
e Straßenbahn, -en S. 99
r Straßenbau S. 54
r (e) Straßenkünstler (-in) S. 43
r (e) Straßenpantomime (-pan-
tomimin) S. 43
s Straßentheater S. 43
r (e) Straßenzigeuner (-in) S. 45
s Streichholz, ¨er S. 89
r Streik, -s S. 55
streiken S. 55
r Streit S. 44
streiten* S. 118
streng S. 92

r **Unterschied,** -e S. 106
unterschreiben S. 44
unterstreichen* S. 15
untersuchen S. 86
e **Untersuchung,** -en S. 63
untreu S. 36
unwichtig S. 51
unzufrieden S. 24
r (e) Urenkel (-in) S. 68
e Urgroßmutter, ¨ S. 68
r Urgroßvater, ¨ S. 71
s Urlaubsgeld S. 30
s Urlaubsland, ¨er S. 123
e **Ursache,** -n S. 81
e Ururgroßmutter, ¨er S. 68
usw. (= und so weiter) S. 52

s Vaterland, ¨er S. 105
verabreden S. 118
verändern S. 18
verbieten* S. 43
e Verbindung, -en S. 57
verboten (→ verbieten) S. 43
r Verbrauch S. 48
verbrennen* S. 83
verdienen S. 22
r Verdienst S. 32
r **Verein,** -e S. 114
vergangen S. 36
e Vergänglichkeit S. 122
vergaß (→ vergessen) S. 68
vergehen* S. 122
s **Vergnügen** S. 56
verhandeln S. 106
e Verhandlung, -en S. 55
verkaufen S. 115
r Verkaufsdirektor, -en S. 30
r **Verkehr** S. 55
s Verkehrsproblem, -e S. 100
r Verkehrsunfall, ¨e S. 99
r Verlag, -e S. 42
verlangen S. 19, 28, 122
verlängern S. 86
verlassen* S. 95
verletzen S. 102
verletzt (→ verletzen) S. 99
e Verletzung, -en S. 99
verlieben S. 42, 118
verliebt S. 64
verlieren* S. 42
verloben S. 64, 118
verlobt S. 64
r/e Verlobte, -n (ein Verlobter) S.64
vermieten S. 56

verreisen S. 117
verrückt S. 15
r Versand S. 54
s Versäumnis, -se S. 26
verschieden S. 27, 66
versichern S. 126
e **Versicherung,** -en S. 48
e Versicherungskarte, -n S. 86
r Versicherungskaufmann,
  -kaufleute S. 115
versprechen* S. 30
versuchen S. 60
r **Vertrag,** ¨e S. 30
vertreiben* S. 126
r Verwalter, - S. 125
verwandt (→ Verwandte)
r/e **Verwandte,** -n (ein Ver-
  wandter) S. 69
verwenden* S. 32
verwitwet S. 112
e **Verzeihung** S. 51
viel S. 9
viele S. 68
ViSdP S. 44
s Visum, (Visa) S. 86
r **Vogel,** ¨ S. 121
s Vögelein, - (→ Vogel) S. 80
s Volkslied, -er S. 79
e Volksschule, -n S. 70
s Volksstück, -e S. 38
voll S. 11
vollmachen S. 51
vom (= von dem) S. 10
vom . . . bis zum S. 31
von S. 15, 23, 52, 95
von . . . aus S. 52
von . . . bis S. 107
von links S. 68
von mir aus S. 39
vor S. 43, 87, 91
vor allem S. 39
r Vorarbeiter, - S. 56
vorbei S. 117
vorbeifliegen* S. 42
vorbeikommen* S. 116
vorbeilaufen* S. 56
vorbereiten S. 30
e Vorbereitung, -en S. 86
vorher S. 12
e Vorhersage, -n S. 75
vorn (e) S. 50
r **Vorname,** -n S. 31
r Vorschlag, ¨e S. 102
vorschlagen* S. 89

vorstellen S. 90
e Vorstellung, -en S. 43
s Vorurteil, -e S. 16
vorwärts (→ vorwärtskommen)
vorwärtskommen* S. 30
wachen S. 122
wachsen* S. 80, 112
r **Wagen,** - S. 50
e **Wahl,** -en S. 101
wählen S. 27, 102
r (e) Wähler (-in) S. 103
e Wählerstimme, -n S. 102
e Wahlparty, -s S. 102
s Wahlrecht S. 99
s Wahlsystem, -e S. 103
wahr S. 11
während S. 63, 102
wahrscheinlich S. 50
r Wald, ¨er S. 78
r (e) Waldbesucher (-in) S. 80
e Wand, ¨e S. 92, 121
wäre (→ sein) S. 41
warten S. 43
was S. 28
was für ein S. 13
e **Wäsche** S. 86
waschen* S. 50
e Waschmaschine, -n S. 63
wechseln S. 28, 86
r Wechselschichtarbeiter, - S. 56
wecken S. 62
weder noch S. 88
wegen S. 99
wegfahren* S. 90
wegjagen S. 126
wegnehmen* S. 28
wegwerfen* S. 80
weich S. 12, 121
s Weihnachtsgeld S. 56
s Weihnachtslied, -er S. 80
weil S. 23
e Weile S. 127
weinen S. 43
weiß S. 12
weiter S. 29
weiterarbeiten S. 111
weiterbringen* S. 81
weitere S. 30
weiterfahren* S. 49
weiterlesen* S. 9
weiterschreiben* S. 51
weiterüben S. 87
e Welle, -n (→ Auswanderer-
  Welle) S. 95

e **Welt** S. 36
r Weltcup S. 36
r Weltkrieg, -e S. 105
e Weltreise, -n S. 36
wenigstens S. 39
wenn S. 27
s Werbefernsehen S. 36
werden* S. 52
werfen* S. 82
e **Werkstatt**, ¨en S. 25
s **Werkzeug**, -e S. 54
r Westdeutsche Rundfunk S. 36
r **Westen** S. 78
r Western, - S. 38
Westfalen S. 70
r Wetterbericht, -e S. 76
e Wetterlage S. 75
wie S. 14, 18, 48, 56, 67, 77
e Wiederbewaffnung S. 105
wiedererkennen* S. 92
wiederkommen* S. 17
e Wiedervereinigung S. 105
wiegen* S. 86
wildlebend S. 36
r **Wind**, -e S. 74
r Winterurlaub S. 56
r Wipfel, - S. 80
wirklich S. 19, 105
e Wirtschaft S. 38
wirtschaftlich S. 68
r Wirtschaftskontakt, -e S. 106
r Wirtschaftsminister, - S. 102
e Wirtschaftspolitik S. 102
s Wirtschaftssystem, -e S. 104
e Wissenschaft, -en S. 38
r Wissenschaftler, - S. 81
e Wochenendreise, -n S. 79
r Wochenlohn, ¨e S. 116
r Wochentag, -e S. 107
wofür S. 38
wohl S. 75
wohlfühlen S. 65

r Wohnort, -e S. 76
r Wohnwagen, - S. 36
r Wolf, ¨e S. 80
e **Wolke,** -n S. 76
wolkig S. 75
e Wolldecke, -n S. 89
e **Wolle** (→ Wolldecke)
wollte (→ wollen) S. 23
worauf S. 38
s **Wort,** (Worte/Wörter) S. 29, 30
s Wörterverzeichnis, -se S. 42
worüber S. 38
wozu S. 127
wunderbar S. 123
wundern S. 128
wunderschön S. 122
r **Wunsch,** ¨e S. 69
r Wunschberuf, -e S. 23
s Wunschland, ¨er S. 95
e Wunschliste, -n S. 32
würde (→ werden) S. 42
e Wüste, -n S. 75

z. B. (= Zum Beispiel) S. 18
zahlen S. 19
zählen S. 121
e Zahnbürste, -n S. 86
e Zahnpasta, (-pasten) S. 86
s ZDF S. 36
s Zeichen, - S. 55
r Zeichentrickfilm, -e S. 36
e **Zeit,** -en S. 28
e Zeitleiste, -n S. 106
r Zeitraum, ¨e S. 55
r Zeitungstext, -e S. 102
r **Zentimeter,** - (→ cm)
e Zentrale, -n S. 78
zerstören S. 100
r **Zettel,** - S. 113
s **Zeugnis,** -se (→ Abschluß- zeugnis)

e Zeugnisnote, -n S. 27
ziehen* S. 43, 50, 121
e Zigarettenindustrie S. 99
r (e) Zigeuner (-in) S. 43
r Zitronensaft S. 81
zog aus (→ ausziehen)* S. 69
zögernd S. 127
r **Zoll** (→ Zollbeamte)
r Zollbeamte, -n S. 99
r Zoo, -s S. 36
r Zoodirektor, -en S. 22
zu S. 28, 43, 56, 60, 81, 92
zu Ende S. 27
zu Fuß S. 113
zu spät kommen S. 60
zufällig S. 29
zufrieden S. 17
zugute kommen* S. 36
e Zukunft S. 24
e Zukunftsvision, -en S. 81
zuletzt S. 52
e Zulieferindustrie S. 54
zum S. 15, 31, 89
zum Glück S. 110
zum Schluß S. 53
zum Teil S. 111
zumachen S. 86
zurückfahren* S. 88
zurückfliegen* S. 95
zurückgehen* S. 77
zurückkommen* S. 31
zurücknehmen* S. 82
zusammenarbeiten S. 30
e Zusammenfassung, -en S. 127
zusammenschweißen S. 52
zusammensein S. 66
zusammensetzen S. 52
zuschauen S. 92
r Zuschauer, - S. 43
r Zuschlag, ¨e S. 55
zuviel S. 60, 81
r **Zweck,** -e S. 28

Quellennachweis der Illustrationen

a) Fotos

Seite 16: Herr mit Fahrrad: Bildagentur Mauritius, Mittenwald
Seite 17: Franco Zehnder, Leinfelden-Echterdingen
Seite 24: „Nachtwächter" und „Krankenschwester": Bilderdienst Süddeutscher Verlag, München
Seite 28: BRIGITTE – Gisela Caspersen
Seite 35: von links nach rechts: NDR; NDR; Ch. Huth, Ismaning – WDR; Foto Sessner, Dachau; Bilderdienst Süddeutscher Verlag, München – Interfoto-Pressebild-Agentur, München; Hermann Roth, München; WDR
Seite 36: „Fledermaus": Limbrunner, Bildagentur Prenzel, Gröbenzell; „Krankenhaus": Dr. Lorenz, Bavaria-Verlag, Gauting
Seite 37: „Nachrichtensprecher": Drischel, Ellerbek; „Chirurg": S. Müller, Ullstein-Bilderdienst, Berlin; „Motorradfahrer": N. Pilters, Bavaria-Verlag, Gauting
Seite 43: BRIGITTE – Jörg Jochmann
Seite 52: Volkswagenwerk AG, Wolfsburg
Seite 53: 4 Werkfotos: Adam Opel AG, Rüsselsheim
Seite 56: STERN – Jürgen Gebhardt
Seite 59: Jeanloup Sieff, Paris
Seite 63: links oben und rechts unten: P. O. Malibu, Transglobe Agency, Hamburg
Seite 68/69: R. Sennewald, Krummbek
Seite 70: „Heinrich Droste": Bilderdienst Süddeutscher Verlag, München
Seite 74: „Nebel" – „Urwald" – „Meer" – „Wüste": Interfoto-Pressebild-Agentur, München; „Sibirien im Sommer": Bildagentur Mauritius, Mittenwald; „Sibirien im Winter": Bildagentur Jürgens, Köln
Seite 88: Kappelmeyer – Bavaria-Verlag, Gauting
Seite 90–92: STERN – Meffert
Seite 95: H. Wessel, Frankfurt
Seite 98: Bilderdienst Süddeutscher Verlag, München
Seite 101: ZDF Mainz
Seite 105: M. Scholz – Elefanten Press, Berlin
Seite 106: M. Scholz – Elefanten Press, Berlin
Seite 112: roebild, Frankfurt a. M.
Seite 116: oben links: mit freundl. Genehmigung durch Frau und Herrn Manhart, Lohhof; oben rechts: Ch. Burchardt, Lohhof; unten: mit freundl. Genehmigung durch Frau und Herrn Gernandt
Seite 117: oben: mit freundl. Genehmigung durch Frau und Herrn Bauer, Ismaning; unten: mit freundl. Genehmigung durch Frau und Herrn Gernandt
Seite 120: „Rodin, Le penseur": Scala, Florenz; alle anderen: Archiv für Kunst und Geschichte, Berlin
Seite 128: dpa – Thienemann – Zoltan Nagy

b) Plakate, Zeichnungen, Grafiken

Seite 22: Reza Bönzli, Reichertshausen
Seite 23: Globus-Kartendienst, Hamburg
Seite 54: Globus-Kartendienst, Hamburg
Seite 55: Globus-Kartendienst, Hamburg
Seite 94: Globus-Kartendienst, Hamburg
Seite 103: (Länderwappen) Interfoto-Pressebild-Agentur, München
Seite 104: (Aufkleber) Friedrich Ebert Stiftung, Bonn
Seite 105: Plakat CSU: Konrad-Adenauer-Stiftung, Bonn
Seite 106: Plakat SPD: Friedrich Ebert Stiftung, Bonn
Seite 112: Globus-Kartendienst, Hamburg
Seite 122: „Träumerei", Gemälde von Heinrich Vogeler (1872–1942), Worpsweder Verlag, Lilienthal
Seiten 125–127: M. Ende, © K. Thienemanns Verlag, Stuttgart

Quellennachweis der Texte

Seite 17: „Kein Geld für Irokesen": STERN – Michael Ludewigs
Seite 28: „Jugend '84": BRIGITTE – Gerda Bödefeld
Seite 42: „Wennachwenn . . .": Text und Musik Werner Bönzli, Reichertshausen
Seite 43: Gabriele Birnstein
Seite 56: STERN – Edith Maahn
Seite 68/69: aus der Zeitschrift ELTERN – Sennewald
Seite 80: „Zu fällen . . .": Mit freundl. Genehmigung durch Stefan Roth, München
Seite 91/92: STERN – Teja Fiedler
Seite 122: Rilke, „Herbsttag", aus: Werke in 3 Bänden, © Insel Verlag, Frankfurt a. M., 1966
Bertolt Brecht, „Der Rauch", aus: Gesammelte Werke, © Suhrkamp Verlag, Frankfurt a. M., 1967
Hermann Hesse, „Vergänglichkeit", aus: Die Gedichte, © Suhrkamp Verlag, Frankfurt a. M., 1977
Seite 126/127: M. Ende, „Momo", © K. Thienemanns Verlag, Stuttgart 1973
Seite 128: Praxis Deutsch Nr. 52/1982 – Erhard Friedrich Verlag, Seelze